ヤマケイ文庫

新編 黒部の山人《やまど》 山賊鬼サとケモノたち

Onikubo Zenichiro

鬼窪善一郎 語り　白日社編集部 編

Yamakei Library

カバー装画　畦地梅太郎
「めぐりあい」（木版画・一九五六年）

はじめに——鬼窪善一郎さんのこと

鬼窪さんは、昭和十年代の初めから、ボッカ、ガイド、遭難救助隊員、イワナ釣り、猟師として、北アルプスは黒部とその周辺の山々を中心に生きてきた、文字通りの黒部の山人《やまど》であり、そうして何よりもまず、長野県大町市周辺の最後の猟師である。七十五歳の今も夏は黒部最奥にある山小屋の一つ、三俣《みつまた》山荘の管理人をつとめ、冬は猟師としてケモノを追っている。

若い頃のボッカ、ガイド、猟師としての鬼窪さんの抜群の体力と桁《けた》外れに強い足腰、臆することを知らない豪胆さは、まさに山の猛者《もさ》の名にふさわしく、鬼窪さんを知る人々の間では、今も数々の語り草として残っているほどである。

この本は、その鬼窪さんの山人としての話だけを、ボッカ・ガイド・遭難救助、イワナ釣り、猟師の三部に纏《まと》め、炭焼きの話を附けたが、やはり、生い立ちと人となりについて、多少とも識った上で読んでいただいた方がいいと考えて、変則的ではあるが、それについてのご本人と奥さんの話を載せることにした。まず鬼窪さんの話から……。

オレは大正三年七月二十日、ここで、昔の広津村で生まれたんだ。今は池田町の広津区ってわけだ。広津区の栂尾《とがのお》。オヤジは百姓。ここは山で田圃《たんぼ》はねえだ、畑っきり。だから、そこで大麦、小麦、大豆、小豆《しょうず》を作って、カイコ養ったり、タバコ作ったりして暮らしてただわい。

まあ、オラアの学校へ行ってた時なんてものは、ここら、みんな貧乏で、貧乏って、貧乏って、それこそひでえ貧乏だった。それこそ、もう、今の者には話しても分からんわい。オラアの子供の時分のここらの貧乏なんてものは絶対分からん。今は一億円がヤブに転がってたりする時代だ。えれえことになったわけだ。昔を考えりゃあ、天国だわい、夢みてえもんだ。こんなになって、まあ、どうなるもんかと思うわい。どこ見たって、昔みてえ貧乏している家《うち》なんてねえわい。だからせ、今の者には貧乏ってもんが、どんなもんだか分かんねえだ。

今はせえ、生活保護ってもんがあるけど、昔は、そんなもなあ、ねえんだから、どうしたって、てめえで食ってかなきゃなんねえだから、それができなきゃ、死ぬよりほかねえんだわい。だけど、ここらの衆は、百姓やれば、なんとか一年中食うだけのものはとれたよ。だけど、食うっきりよ。

人間、食うだけじゃ生きてはいられても、暮らされねえずら、ウサギやタヌキじゃ

鬼窪善一郎さん
75歳（平成元年6月）

広津の生家（昭和35年当時）
今は跡かたもなく、鬼窪さんが山賊小屋と呼ぶ
三角小屋が建っている

ねえんだから。着るものだって買わなけりゃなんねえし、そのほかにもいろいろあるわい。それに困ったんだわ、現金ってものに。だからカイコ養ったり、タバコ作ったり、炭焼きやったり、木挽《こびき》やったりしてせ、まあ、なんとか暮らしてたってもんだわい。

だけど、そんなもんじゃ、とても、とても、いくらにもなんねえ。だから食うものっていえば菜っ葉の漬物、大根のヌカ漬、夏になればキューリ、ナスのヌカ漬、それに汁だ。それで小麦粉のヤキモチか大麦の割飯よ、それからジャガイモ。そんなものっきり、三百六十五日食ってたんだわい。

着るもんだって、同じもんばっかり着てて、裂《き》れればツギ当てて、百ツギだわい、刺し子ってようなもんだ。もうへえ、いろんな布《きれ》が当ててあって、本家本元はどれだか分かんねえ。そういうもの着てたんだわい。いちばんみじめな家は、子供なんか叺《かます》へ入って寝たんだぜ。学校へなんか行くに呼びに行くと、叺の中から、むくむくと這い出してせ、今に比べたら、よく生きてたってようなもんだわい。

オラアとこは、村でも中くらいだったけどせえ、貰える小遣いなんか年に一ぺん、祭の時だけ、それも二銭か三銭だ。あの頃はマメ板って菓子があったんだ、それが三銭した。だから、それ一枚買えるっきり。それをせえ、チョビチョビ、チョビチョビ大事に食ったんだわい。それをせ、指くわえて見てる子もいたぜ、一銭も小遣い貰えねえで。そういう子がいっぺえいたんだわい。まあ、みじめって、みじめって。

それで学校へ行くったって、履物なんか家で作ったワラゾウリ履かされたもんだ。夏になれば、雨が降ればワラゾウリなんかグシャグシャになるから、みんな裸足よ。冬はワラのゴンゾ（ワラ長靴）、オレは冬はゴム靴買ってもらってはいたけど、たいていゴンゾだ。それで風呂敷へ本（教科書）や弁当箱包んで、腰にひっつけて行ったぜ。それだって、弁当も持ってけねえ子もいたし、本も買ってもらえねえ子もいたよ。

それでオラアの同級生なんてものは、五十七名あったが、中学（旧制）へ行った者は二名だよ。それで、その頃は小学校に高等科ってのが二年あったが、ほとんど行かねえんだ。みんな尋常科六年でおしまい。それだって六年出りゃあいい方だぜ、三年か四年で奉公に出た者もいるぜ。それで六年行った者だって、まともに学校に行った者は少ないぜ。夏になれば畑の手伝いよ、学校休まされて。それだで、字だって覚えねえわけだ。まあひでえもんだったぜ。

まあ、よくこき使われたぜ。休まねえで学校へ行く時には、朝、今日は学校から帰ったら何と何をやれよって、言いつけられてやったもんだ。春になれば早く学校から帰ってきてワラビとれ、ゴボー（ヤマゴボウ）の葉をとれ、アザミとりに行ってこいだ。

冬になれば、今日はワラ何把打てって言われて、ずーっと、へえ一年中、次から次へと用言いつけられたよ。遊んでるひまなんてなかったよ。そうだなあ、遊んだってのは冬、雪のある時くれえのもんだ、それもたまに。

それから明けても暮れても、へえコマ犬みてえに子供がやらされたのが水汲みだ。一日にバケツ何杯って、間違いなくやらされた。ここは水では苦労したんだ。山で高いところに家があったから、峰近くだから、井戸掘っても水が出ねえんだ。だから一つの井戸を何軒もで使う。その井戸ってのは、家から離れた、山のちょっとした崖のところにあって、オレンチはいちばん近かった。五分もかかんないで行けたが、遠い家は十分も十五分もかかるんだ。

何しるったって、人間、一日だって水なしじゃいられねえんだから、毎日、その井戸から水担《かつ》いでこなくちゃなんねえ。それが子供の仕事でせ、水汲みは、本当にえらかったわい。風呂わかすなんてったら、大変だったよ。みんなバケツで運ばなけりゃあ、なんねえだから。それも井戸はムラ中の共同で、水もたんとないから、交替でわかすの。それで風呂わかした家には近所中で貰い風呂に行くの。風呂に入るったって、今みてえに、ジャブジャブジャブジャブ、お湯汲み出すわけにいかねえんだぜ。風呂桶にあるっきりのお湯で、みんな入るんだから。だからせえ、終《しめ》えには、もうショー

今も残るただ一つの共同井戸

ベン風呂に入るようなもん。

その水汲みは、毎日、雨っ降《ぶ》りでも雪っ降りでもやるんだから。それで井戸へ行く道ったって、幅一尺もあるかないかの山道でせえ、やあ、あれはえらかった。学校から来てやるだ。学校たって、行くに、山坂ばっかり、上がって降りて、上がって降りて、四十分はかかるだから。なんしろ、山ばっかりで、平らなとこっては家の中しかねえんだから。畑へ行くにもどこへ行くにも、みんな坂っきりせや。だから、まあ足腰は強くなるわけだ。子供の頃から、そうして鍛えてあるわけだから。だからマラソンの中山選手だって出るわけよ。この下の方に家があるわ。オラだって、ボッカやっても何やっても、山では強かったぞ。誰にも負けなかった。

それから、よくやらされたのがワラ叩き。ここは田圃がねえから、ワラは池田〔町〕まで買いに行ってたんだぜ。山道の石ころ道を、片道、二里半、それを背負い子で背負ってきたんだわい。ワラはね、どうしてもなけりゃあ、昔は暮らせなかったの。ワラジとかゾウリとか、そういう履物作って、百姓やるにも縄もムシロもなくちゃならんし、それから、家ん中には畳なんて何枚もねえんだから、あとはムシロとかネコ（ネコダ。畳六枚分くらいの大きなワラの敷物）ってもの敷いたから、それ織ったり編んだりして敷いたんだから。

オレラ子供の時分は、そのワラを学校へ行く前とか、夕飯前に「今日はワラ何把叩け」なんて叩かされたもんだ。ワラは何に使うにも叩いて、やっこく（軟らかく）しとかなけりゃいけねえんだ。それを子供がやって、こんだ親たちは夕飯食ってから夕なべ（夜なべ）に、縄なったり、履物作ったり、ムシロ織ったり、ネコ編んだりしたんだ。

オラア総領だったから、いちばん、えらい目にあったんだ。どのくらい、怒られたり、はっつけられたりして、こき使われたもんだか分からんぜ。家の仕事ばかりじゃないぜ、夏休みなんか、カイコたんと養ってる家へ手伝いに行かされて、朝から晩までクワ摘みやって、そうして一日五銭とか十銭貰って、それみんな親にやっただわい。夏休みじゃなくったって、学校休んで、頼まれてクワ摘みに行ったぜ。

まあ、まともに学校へ行ったのは、雪のある時だけだ、百姓仕事がないから。親たちもせえ、暮らしてくのが精一杯で、子供の学校のことなんて頭になかったんだわい。勉強なんか問題じゃなかったんだ。「勉強しるヒマがあったら、仕事手伝え」ってなもんだったわい。まあ学校へなんか満足に行かなかったんだから、バカだったわけだ。

まあ、そんなこんで、オレは尋常六年までやってもらって、それから製糸奉公にマクラレた（行かされた）だわい。大町（市）に横沢製糸所ってのがあってせ、そこへ小僧として行っただわい。三年いたな。それで帰ってきて、家で百姓してて、その合間に土方に出たんだ。だけど、土方仕事も、ずーっと一年中続いてはないし、夏の間だけ百姓手伝って、秋になって、松本で牛乳配達やったわい。十二月から一月、二月、三月まで四カ月、四月になると百姓仕事が忙しくなるから、一、二カ月百姓手伝って、それからまた土方やったわい。

オヤジの頃は、ここらの人は、出稼ぎってものはやらなかったが、オレラの時代は、若い人はみんな出稼ぎに出たな。畑二町歩も三町歩も持って、百姓大きくやってる人は出なんだが。そうでない人はみんな出稼ぎだ。カンテン屋にだいぶ行ったよ、ここらの衆は。諏訪とか山梨の武川《むかわ》〔村〕（現・北杜市）ってとこ、そこへ行ったよ。秋、麦播《ま》き終わって、豆穫《と》り入れて、それから二、三月まで、テン屋小僧に出たんだわい。それで百姓仕事の始まる頃、テン屋から戻ってきた。

オラア、テン屋に行かなんで、何でも手当たり次第やったわい、その頃は。牛乳配達は徴兵検査の春までやったよ。それで兵隊検査は甲種合格だったが、クジのがれになっただ、オレは。だから兵隊に行かなくていいことになって、その冬だけは土方やったかな。

翌年からは、夏、百姓やって土方やって、徴兵検査終わったから、狩猟免許下がったずら、だから、こんだ十月十五日から四月十五日まで、ずーっと鉄砲うちだわい、鉄砲うちっきり。ここにいてやって、遠くへも、ちったあ行ったが、主《おも》、ここでやった。オラア、普通の鉄砲ぶちとは違ったぜ、職業猟師やるつもりでせえ、雪降ったって休まんで、一月《ひとつき》に二十八日くれえは猟に出たよ。だから、オレはいい稼ぎしたんだわ。

それで猟期が終われば、また百姓やったり土方やったりしてたんだわい。大町に出るようになったのは二十二、三〔歳〕の時、それまではここにいて、そんなことをやってた。大町で夏、土方してるうちに、鉄砲ぶちの友だちができて、それで大町へ出て、下宿して自炊してた。その頃になると一年中大町にいて、家には、たまに二日か三日来て百姓手伝ったくらいだな。オヤジもオフクロも元気だったし、下の方の子供（弟や妹）が手伝うようになったから、オレ、いなくてもよかったんだ。

だから、大町にいて夏は土方だわい、昭和電工とか、東洋紡績とか、そういうとこの工事現場で。その時にせえ、倉繁って大町の鉄砲ぶちが土方に来てて、「オイ　お前　今年　オレと一緒に鉄砲ぶちやらんか」「オー　いい　一緒にやろう」ってことで、二、三年一緒にやったな。その頃からだ、オレが大物猟やるようになったのは。

それで昭和十三年から、オレが二十四、五の時だ、ボッカをやったんだ。黒部の高《たか》天ヶ原《まがはら》ってとこにモリブデンの鉱山があって、そこのボッカだわい。ボッカってのは若くて、うんと体力のある時じゃないとできないよ。えらい仕事だぜ、あれは。

そのかわり飯も食ったわい。オラアそれで胃袋食いっ拡《ぴろ》げちゃって、今でも大まくれ（大食い）してだめだ。ボッカしてた頃なんてものは一回にあの飯盒《はんごう》一杯、ペロッと食っちゃったよ。朝飯をアッパラスッパラ六膳も七膳も食っといて、へえ十時にゃ飯盒に詰めてった弁当をペロリ食っちゃって、それで小屋に着いてっから、また昼飯、二杯も三杯も食って、また夜は夜で四合くらい食ったんだから。

結婚したのは、そのボッカやってる時だ。二十五、六の時だ、同じ村のイトコだわい。オラア結婚しても、家にはめったに帰らなかったな。帰ってるヒマがねえんだわい。もうその頃はガイドもやったし、それで夏でも冬でも、秋でも春でも、遭難があれば救助でマクラレて、猟期に入れば、家になんて来てらんねえ、年取り（大晦日）に来るくれえのもんだ。それだって、遭難救助で年取りに家に来られねえなんてこと、いくらもあったわい。まあ、春になってから、百姓仕事が始まると、忙しい時だけ、ほんの二、三日だ、来たのは。百姓は女房と親でやったから、オラア、ずーっと山っきりで生きてたんだわい。

以上が鬼窪さんの話である。猟と山一筋に生きて、ほとんど家庭を顧《かえりみ》る余裕はなかったから、そのシワヨセは、すべて嫁として家を守った奥さんの方にいってしまった。奥さんは当時を振り返って、次のように話された。

家のジーチャンは、若い時分は、猟したり、ボッカやったり、ガイドやったりなんかしる時にゃ、ほんとに家に来なんだね。それで、ワタシは、アリマ後家（いつも夫が不在の妻のこと）なんて、よく人に言われたけどね。だから、家の子供は「カーサン　家にはトーサンはねえだね」って、そう言った。そのくらい、もう本当に家には来なんだね。たまには五、六人も連れてきて泊まってね、そうして夜中に、鉄砲ぶちに出てせ、朝、四時っていえば出てったもんだよ。あの時分は主、大町にいたでね、よそにも世話になるだから、オヤキ焼いてやって持たしたりしてね。

もうね、家のことも子供の学校のことも、ワタシに任せっきり、それこそ。親戚づきあいなんかも、みんなワタシ。ジーチャン行っても、鉄砲や山のことっきりで、話にならんもんでね、なんかあっても、向こうから、みんなワタシに名指しせ。

それで山で稼いだって、それこそ、家には入れねえだよ。あれはどういうことだかね。それでワタシが言えば、「そんなものは貯金してあるで　ワレの名で積んであるわ」って言うだ。ワタシの名で積んであったって、下げるわけにゃいかねえものね。昔と違ってね、戦後は子供の学校も、いろいろお金がかかるでね。舅《しゅうと》がね、ワタシの叔父だけどね、「子供の養育費くれえは　持ってきたっていいだがな」って、そう言ったよ。それで家のババ（姑《しゅうとめ》）えらかった（きつかった）でね、「オレが死んだらな　自動車で持って来《こ》うずよ（持ってくるだろうよ）」って言った。オラ、忘れねえぜ、それだけは切なかった、やだかったね。おっかねえババだったよ。

ワタシャ、どのくらい泣いたもんだか、このババには。それで小姑はいたしね。家のジーチャンは、そんなこと、なんにも知らねえだもん。ワタシが言えば、「いろいろ言えば　もう来ねえぞ」って言うっきり。だから何も言えなかっただよ。

もうねえ、そういう推量（思いやり）はないねえ。自分の好いたことっきりやってただよ。もうへえ五十年も一緒にいたもんだで、仕方ねえせね、よく、こいぬいだ（漕ぎ抜けた）もんだと、自分でも思うせね。

百姓だってみんな一人でやっただよ。二番目の子供を産んだ時にね、お産して三日目に起きて、おしめ洗濯してね、その頃、馬飼ってたから、馬のもの（かいば）切ったら、目が腫れ上がってふさがっちゃったよ。それも二月《ふたつき》だよ、本当に、えらかったよ。

百姓だってね、夏は麦からはじまって、大豆、小豆からね、カイコまでやったから。

山間に民家の点在する旧広津村風景

鬼窪八千代さん（平成元年6月）

畑たって、遠いとこは、行って帰るに一時間はかかるとこだからね。それで何でも嫁がやるだで、夏は十二時過ぎに寝て、三時には起きて、寝る間なんてないよ、昔の嫁は。水だって、子供の小さい頃は、風呂と使い水って言やあね、十二肩くれえ汲んでくるだからね、まず、えらかったよ、本当に。それで、麦刈りだって、刈る時は親と三人でやったって、背負うのは一人っきり。いくら軽く背負ったって、十三貫（一貫は三・七五キロ）くれえはあったからね、それみんな、ワタシが坂背負い上げただから。

それで昔は、冬は炭俵編んだからね、カヤで。そのカヤもね、秋、山のずっと下の二里（一里は約四キロ）もあるところまで行って刈って、一人で背負ってきただよ。十五背負いくれえやったでね、それで半日に一回っきり背負えねえだね、それを日に二回ずつ背負っただよ。それ時々、思い出して、よくこんな体でやったなと思うと涙出るよ。

家のジーチャンは、ワタシの苦労なんにも知らない、山っきりで生きた本当に幸せな人だでね。山で体で苦労するっきり、ほかは割合にノンボ（あまりやる気のない人）だったね。それで、家に畑があっても百姓やらんで、鉄砲ぶちやってたから、親もそれが気にくわなんでね、「ワレなんてどこへでもぅされ」なんて、よくジジが言ったわ。まーず、見捨てられたようなもんだったね。

これには、さすがの鬼窪さんも、一言もないだろう。なにはともあれ、鬼窪さんは、闇雲に山人としての自分の生き様を貫き通した人である。その意味では、奥さんの言われるとおり、幸せな人であろう。しかし時代の推移とともに、山人の生活の場も次第に失われていった。ボッカの仕事はヘリコプターに奪われ、ガイドの仕事も登山が一般化して登山道が整備されるにしたがって減り、イワナ釣りも釣り人の増加で商売としては成り立たなくなった。鬼窪さんに残された山で生きる道は、山小屋の管理人だけになってしまった。黒部五郎の小屋番を十三年続け、以後は三俣の小屋に移って現在に至っているが、七十五歳になった今でも、標高二千六百メートルの三俣の小屋から一日で降りてくるほど、足腰は達者である。

かつては五人いた大町の本職の猟師も既に四人他界して、鬼窪さんは唯《ただ》一人の最後の猟師となってしまった。三十年前にカモシカ狩りをやめて、テン、タヌキ、キツネなどのケモノを狩り、クマを追って猟師を続けてきたが、今では「へえ　目が悪くなってきたからね　舞ってるトリとか　とんでいるケダモノをうつなんてことは　まことにいかんぜ」と嘆くようになった。それでも「まだクマ　三つか四つとるまでは鉄砲やめる気がしねえんだわい」と頑張っている。猟師魂はまだ衰えてはいない。

鬼窪さんの自宅は、池田町と高瀬川を距《へだ》てた松川村板取にあって、現在は八千代夫人との二人暮らしだが、相変わらず一年のうち、ほぼ半年は不在である。夏の間の三、四カ月は三俣山荘の管理人、冬の半分は広津の三角小屋で自炊しながら猟師。しかも在宅のはずの春と秋も、「オレは　どうしても　一日に四、五時間は歩かなけりゃあだめだ　三日も家にいたらだめだよ　体おかしくなっちまう」と言って、昼間はほとんど家にいない。すっかり山小屋の暮らしに慣れてしまった鬼窪さんには、自宅前の広い道路を絶え間なく走る自動車の騒音は我慢のならないものであるし、なんと言っても、昼間家でゴロゴロしているよりは山を歩いているのが好きなのである。

とにかく、鬼窪さんは猟師になるためにこの世に生まれてきたような人である。猟師に必要な資質はすべて揃っている。しかも酒も飲まなければタバコもすわない、お茶の類も一切口にしない。飲むのは水か白湯《さゆ》である。これも猟師として山で生き抜くための大事な条件なのかもしれない。

*

豪放磊落《らいらく》な鬼窪さんの話は、まったく気取らず、早口で、耳慣れない荒い言葉が速射砲のようにとび出してくる。一人称のオレは、場合によりオラ、オラア、オリャ、オリャアと使いわけられるし、方言はもちろん、卑語、俗語、特殊な猟師言葉もとび出し、古語まで混じる。本書では、そういう言葉はできるだけ（　）で括って、言い換えや説明を入れた。また、山や川の名などは、ほとんど略称が使われているので、初出のものには〈　〉で括って省略された字を補ない、例えば、野口五郎、棒小屋などは、野口五郎〈岳〉、棒小屋〈沢〉とした。

なお、この本に収録した鬼窪さんの話は、すべて五月の初めから六月中旬にかけて、広津の屋敷跡に建てられた三角小屋で聞いたので、「ここ」「ここら」「この辺り」などは広津とその周辺、また「今頃」「今時」は五月から六月にかけてのことと心得られたい。

最後に、この本のサブタイトルの〝山賊鬼サ〟についてだが、これは一種のアダナには違いないが、アダナによくある悪意や侮蔑の念はまったく含まれていない。むしろ、ずば抜けて山に強く、山を知り尽くしていた鬼窪さんのイメージが、その面で山賊に通じるものがあり、しかも山賊と鬼という字の組合せの面白さから、鬼窪さんを識る人びとの間でつけられたもののようである。つまり、山賊のようにめっぽう山に強い男としてのアダナである。

だから鬼窪さんも、それには少しも抵抗を感じないばかりか、むしろ気に入っていて、広津に建てた三角小屋も自ら山賊小屋と呼んでいるほどである。鬼窪さんとは、そういう人なのである。

この山賊の名の出所は、三俣山荘のオーナーである伊藤正一氏の『黒部の山賊』（実業之日本社・昭和三十九年刊、その後、『定本　黒部の山賊』として山と溪谷社・平成二十六年刊）である。この本は、戦時中から戦後にかけて黒部には山賊がいるという噂が立ち、それが新聞記事にまでなったことから、伊藤氏が、その山賊の正体は当時黒部を縄張りにして我が物顔に行動していた大町の猟師たちであるとして、その特異なプロフィールを面白おかしく紹介したものである。

そこで鬼窪さんは、その山賊の子分にされてしまった。もちろん事実とは違うのであるが、山賊の名はそこに由来するものである。また〝鬼サ〟は鬼窪さんの略称で、大町ではサンが詰まってサとなるために、そうなったものである。

編　者

新編 黒部の山人

山賊鬼サとケモノたち

目次

猟師

大町・松本・北アルプス周辺概念図

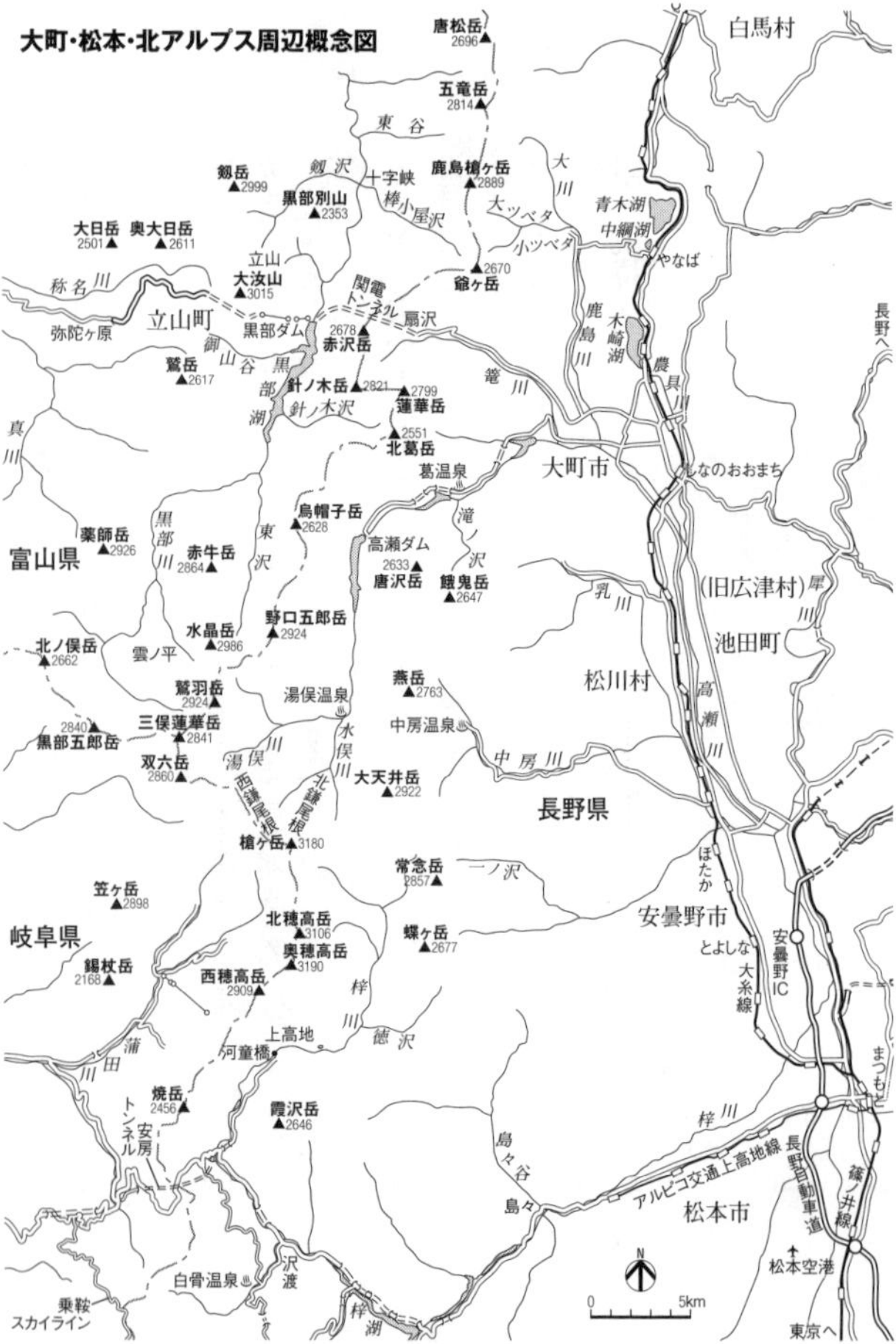

黒部周辺概念図
ダムの出来る前
（標高は現在のものです）

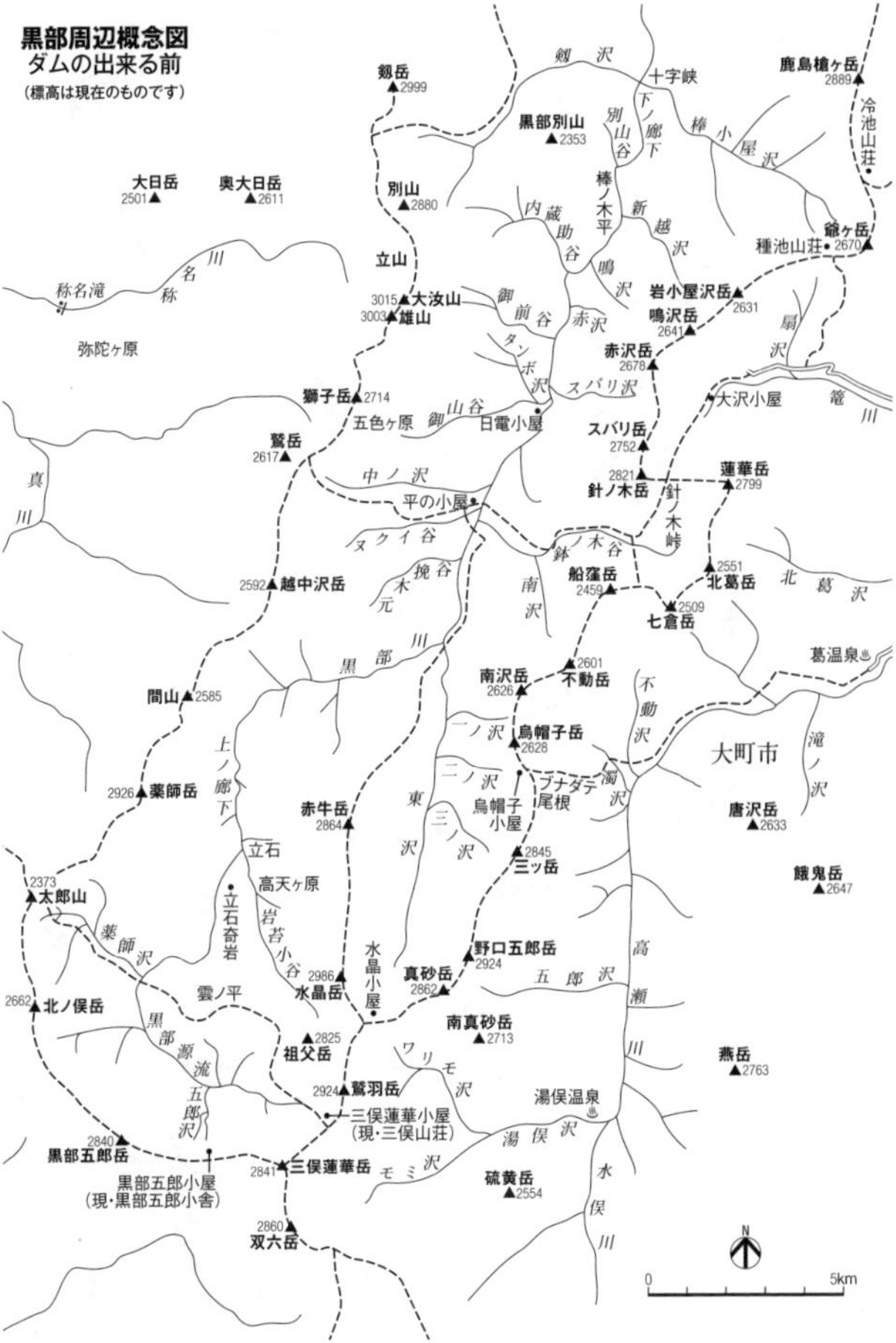

北葛沢・高瀬・乳川概念図

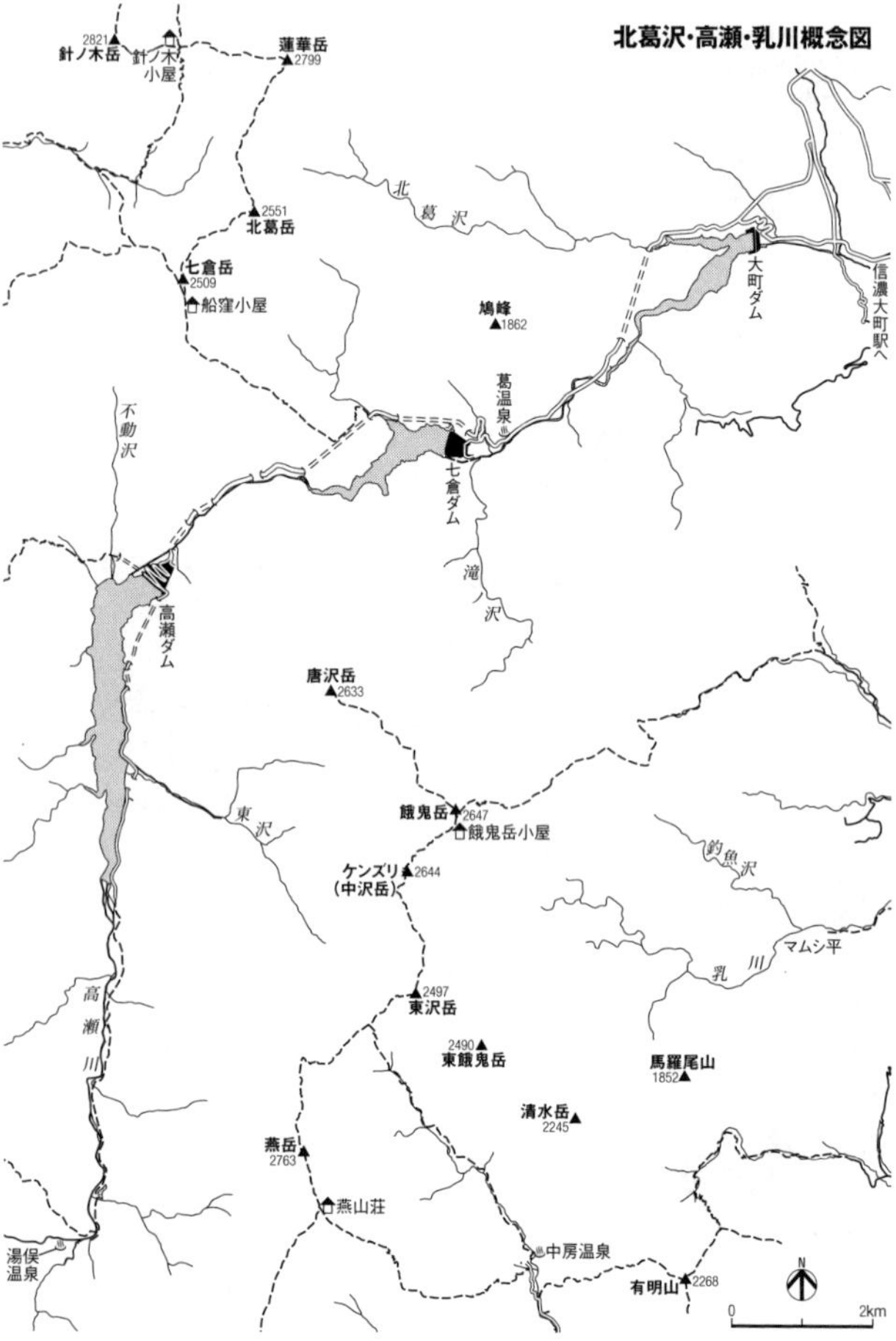

2821
針ノ木岳
針ノ木小屋
蓮華岳
2799
2551
北葛岳
七倉岳
2509
船窪小屋
北
葛
沢
大町ダム
信濃大町駅へ
鳩峰
1862
葛温泉
不動沢
七倉ダム
滝ノ沢
高瀬ダム
唐沢岳
2633
東沢
餓鬼岳
2647
餓鬼岳小屋
ケンズリ
(中沢岳)
2644
釣魚沢
乳川
マムシ平
2497
東沢岳
2490
東餓鬼岳
馬羅尾山
1852
高瀬川
清水岳
2245
燕岳
2763
燕山荘
中房温泉
湯俣温泉
有明山
2268
N
0
2km

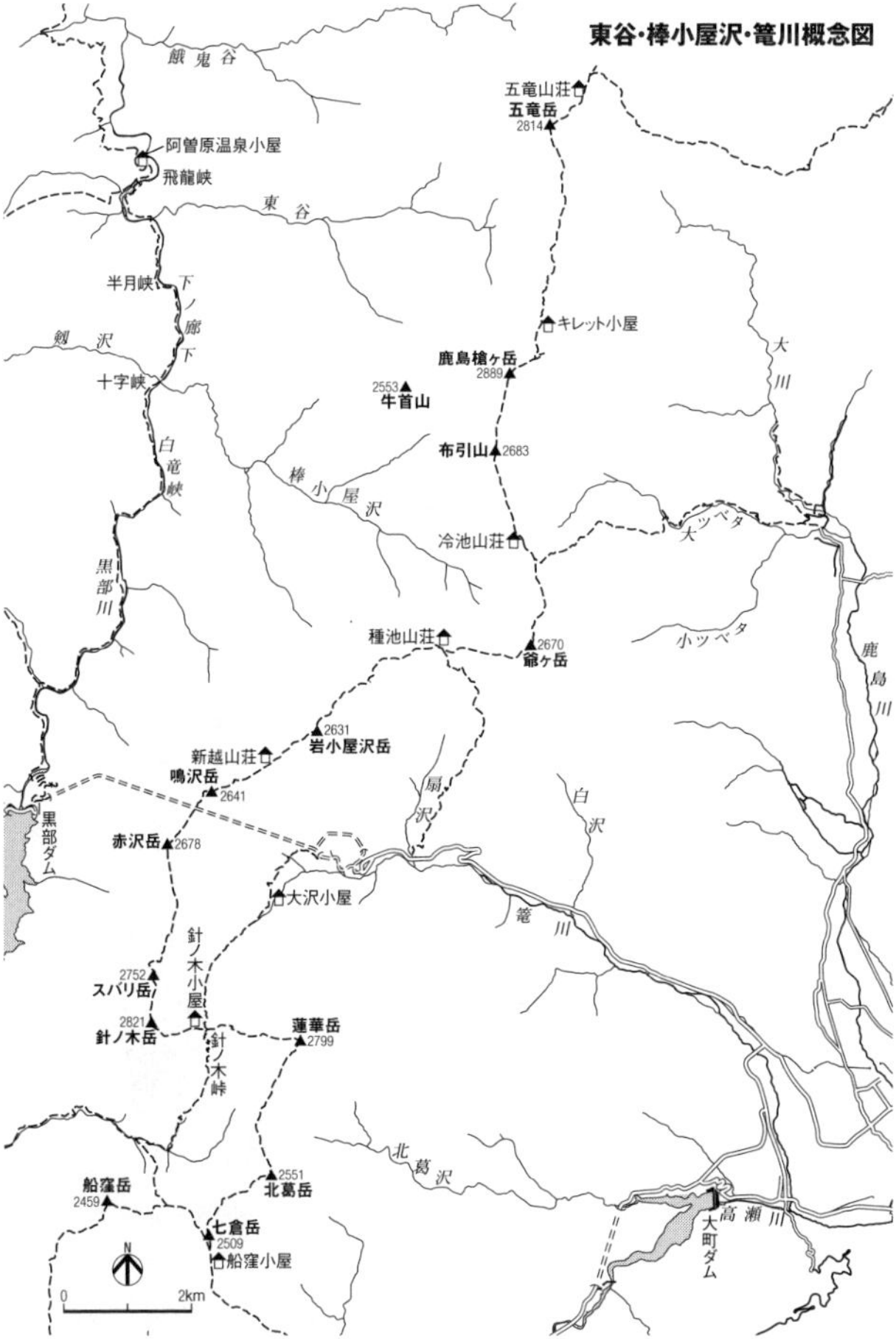
東谷・棒小屋沢・篭川概念図
餓鬼谷
五竜山荘
五竜岳
2814
阿曽原温泉小屋
飛龍峡
東谷
半月峡
下ノ廊下
剱沢
十字峡
キレット小屋
鹿島槍ヶ岳
2889
2553
牛首山
大川
白竜峡
布引山
2683
棒小屋沢
黒部川
冷池山荘
大ツベタ
種池山荘
2670
爺ヶ岳
小ツベタ
鹿島川
2631
岩小屋沢岳
新越山荘
鳴沢岳
2641
扇沢
白沢
黒部ダム
赤沢岳
2678
大沢小屋
篭川
針ノ木小屋
2752
スバリ岳
2821
針ノ木岳
蓮華岳
2799
針ノ木峠
2551
北葛岳
北葛沢
船窪岳
2459
七倉岳
2509
船窪小屋
高瀬川
大町ダム
N
0
2km

ボッカ・ガイド・遭難救助

ボッカ

ボッカでは苦労したぜ

オラア本当に若い頃は苦労したぜ、山っきりで苦労してるぜ。そりゃあ、ここ〔広津〕にいて、一年中百姓してた方がよっぽど楽だったわい。だけど百姓なんかやってたんじゃ食ってられねえし、それに、オリャア百姓ってのは性に合わねえんだわ、だから仕事はどんなにえらくってもボッカやっただわい。

ボッカ〔歩荷の字が当てられているように、山などで徒歩で重い荷を背負い揚げること、またはその仕事をする人〕をやり始めたのは戦争中、昭和十三年だ。大東鉱山てのが、黒部の水晶〔岳〕の裏に、高天ヶ原ってとこにあったんだわい。モリブデンが出てね、そこへオレは食糧運搬で行っただわい。葛《くず》温泉が基地でせえ、そうして、今、高瀬ダムのゲートがあるだろう、そこから濁《にごり》〔沢〕へ入って、ブナダテ尾根を登って、烏帽子《えぼし》〔岳〕の小屋で一晩泊まって、そこから稜線を三ツ岳、野口五郎〔岳〕を越えて東沢乗越《のっこし》ってとこへ出て、水晶の向こうへ行って、岩苔小谷《いわごけこたに》の谷へ降りて行ったんだわい。二日かかって行って、一日で戻る。帰りは空身じゃないぜ、来がけに鉱石背負わされるんだ。行って帰って三日、その繰り返しよ。まあ荷物は十貫ぐれえのもんだけど、これは行き帰り背負うだから楽じゃなかったぜ。烏帽子の登り降りがえらいんだわ、まだオレも慣れなかったから。それでも、そのボッカの時だって、オレにかなう者はいなかったぞ、山歩くことにおいて、オレがいちばん速かったぞ。みんなオレよりかも二時間も三時間も遅れてきやがった。

ボッカなんてものは、うんと体力のある時じゃなけりゃできないよ。そのかわり飯を食ったわい。一日一升一合食ったぞ、鉱山ボッカやってた頃は。おかずったって、干したワラビと昆布の煮たのだけ。それで道端へワナ（「小物猟」の〝ハサミとワナ〟参照）掛けといて、ウサギをとって食べたんだわい。ワラビと昆布だけじゃ一升一合の飯食ったって体がもたないもの。ウサギは毎日とれたからね、それ焼いて食ったり、煮て食ったりした。戦争中なんか、下（里）にも魚も肉もねえずら、ウサギ持って帰ると葛温泉の衆なんて欲しがって欲しがって、売ってくれってもんで。だけど、それ売らなんで、毎日食ったから、それでこそ体がもって、ボッカができたってもんだわい。

その鉱山ボッカ、昭和十三年の夏から、十四、十五と三年続けて、そうしたら徴用で北海道へ石炭掘りに行けってことになって、あれは警察から来たんだわ、それで警察へ行って、親たち年とってて、そんな遠くへは行けないからって頼んで、行かなくっていいことにして貰ったんだわい。そのかわり、炭焼きやれってわけだ。

それから十六年は葛温泉の裏の山で炭焼きよ。供出で、町や村へ割当てが来て、まあ徴用みてえもんだったな。それを一夏《ひとなつ》やって、こんだ十七年、十八年と槍ヶ岳のボッカよ。小屋造りの資材を揚げたんだ。それで十八年には召集くっちゃったんだわい、まだボッカ終わらねえうちに。それでも資材のボッカは九分通り終わったんだわい。それですぐ召集解除になって、十九年にはまた鉱山へ行ったんだ、ボッカで。そうしたら二十年にまた召集くっちゃった。

それで終戦後は三俣小屋のボッカをやったんだわい。昭和二十一年から水晶小屋をつぶして三俣小屋へ運んだんだ。それから黒部五郎〔岳〕の小屋にいたんだわい、三十六年から十三年いた、管理人で。まあボッカやめて小屋に入ってからは、おおきに楽になった。

黒部五郎の小屋にいた時は、最初は食事作って出したり、全部みんな一人でやっただわい。その時はいろいろだわい、薪《まき》伐りもやらなけりゃいかんし、三俣の本部まで、時々、食糧とりに行くんだからボッカもやらなけりゃいかんし、イワナを釣ってきてお客さんに出さなけりゃいけねえし、その間にゃ、イワナ釣りに行きてえって言うお客さん案内しなけりゃならん。後ではバイトを一人、二人使ったよ。それから、その小屋が人手に渡って、本部の三俣の小屋に移ったんだわい。

三俣チェーンはね、ボッカが十人ぐらいいたよ、毎日、米から野菜から、味噌、醤油ね、それから燃料背負うのが。だけど雨降りゃ、ボッカは動かんでな、山の最盛期に雨っ降りが一週間も十日も続くと、こりゃ困ったぜ。ボッカは葛温泉から三俣まで往復三日でやったんだ、二日で上がって一日で降りるだ、登りは烏帽子で泊まって。それでもオラがやってる時は、何十貫も背負わされたが、後では楽だったわい、せいぜい十貫ぐれえのもんだったたから。

いちばんえらかったのは槍ヶ岳の小屋の材木背負い

戦争中だ、昭和十七年、十八年だ、岐阜県の、あの北穂〈高岳〉の下の滝谷から槍ヶ岳の小屋の資材、材木を背負ったんだわい。オラまあ、どのくれえ苦労したもんだか分からんぞ。あんな、背中へ大荷物ひっつけられて、毎日、山歩かなきゃならんなんて、今の者には絶対つとまらん。一ぺんやらしたら、「もうコリゴリだ」って言うわ、ナンジャクモン（軟弱者）でナマクラのハンチャクモン（半ちくと横着の合成語。中途はんぱで横着者の意）だ。

昔は女だってやったぜ、終戦過ぎてからでもね、昭和四十年くれえまで、富山の女の人はボッカやったよ。二十貫ぐれえ背負ったぞ、食糧背負ったよ、あれはえらかったな、こっちの女はやらんぜ。

まあ、オレがボッカやって、いちばんえらかったのは、あの百キロのガスボンベと、槍ヶ岳の材木だな。ボンベは背負いにくいだ。同し百キロでも、米や味噌やそういうものはいいけど、あれは、ほんま、えらかったわ。あれはな、しっかり背負い子にしっつけても、岩場なんかでもって、こんだその背負い子が背中でクルンクルンしるんだ。背負いにくいぜ、あれだけは参ったオレも、一ぺんやってこりた。

それでこんだ雪の上を、三人も四人もでもってひっぱった。これも楽ではなかったぞ、急斜面行ったらどうにもならん。足は踏んばり利かねえしよ、それから雪の斜面を横へ行ってトラバースする時は本当にえらかった。それでこんだ下りになったら、ひっぱってなんていられるもんか、ひきずられちゃって、やあ、えらかった、えらかった。今はヘリ〔ヘリコプター〕だからいいわ。

それから、なんてったって、えらかったのは槍〔ヶ岳〕の小屋の資材だわい。いちばん重かったのが梁《はり》、あれ長さは三間だったかな三間半だったかな、それで目方は百キロからあるんだから、とにかくえらかった。肩へ背負い子の紐がめり込んで、目がチラチラしたよ。一人で背負ったんだから、急な斜面をガニ（カニ）の横這いでもって背負ったんだから。誰も背負う者ねえんだもの、やだってこいて（いやだって言って）。

それで賃金は同し目方でも長さによって違うのよ。六尺がいちばん安いんだ。だけどいくら賃金よくても誰も背負わねえんだわい、梁は。みんなやだがる（いやがる）者っきり。まあどっちしたって、オレは元請けなんだから、その長物《ながもの》揚げちまわんことには、小屋ひとつまとまらねえんだから、「オレ　やだ」って言って、背負わなんでいるわけにいかねえんだわい。だから仕方ねえ、オレ一人でみんな背負った、普通の背負い子に横につけて。

だからヤブにひっかかって、ガニの横這いでなけりゃ上がらんのだよ。それもせ、急勾配のとこは横這いのまま体をねじってせ、材木斜めに、先の方を上げて、後の方を下げなきゃ登れねえだろう、とてもじゃないわい、ほんとにえらかったよ。それこそ先を上げてる方の肩なんてものは、背負い子の紐が食い込んじゃって、目から火が出たよ。

上の方の平らのとこへ出ちまえばいいのよ。森林帯を背負い上げるのが大変だったんだわい。オラア、人にバカだって言われたわい、人間じゃあねえ、馬だって。ほかの人はみんな、だいたい六十キロよ。それを、オレは倍近く背負ったんだよ。とてもじゃないぜ。なにしろ平らなとこってのは少ないんだから、登りはきついし、道中は長えんだから。

その時も、一日に一升以上は食ったぜ。それだって、おかずはやっぱり鉱山ボッカの時と同しで、ワラビの干したやつを煮たのに、お汁の実は昆布だぞ。それに、たまにクチボソ（コイ目の淡水魚、体長七、八センチの小魚）の佃煮が来たっきりだ。そんなもんで体が続くかいな。それだから、ここでもウサギを毎日とったよ。ワナ掛けといて、それを毎日食べた。それでこそ体がもったのよ。

ウサギもその頃はいたんだから、戦時中で誰もとらねえから。夜、小屋にいて窓から見てると、ウサギがピョンピョンピョンピョンピョン出てくんだから。それで考えたの、戸板外して、あの〝板落し〟ってやつだ、板に十貫くらい石背負わしてな、斜めにして、ツンバリかって（つっかい棒をして）な、そのツンバリに綱つけといて、ウサギが下へ入ったらひっぱるだ。よくとったわい、それで。

餌《えさ》はイタンドリ（イタドリ）持ってってな、ションベンひっかけとくの。その小便をウサギは食べたいんだ。塩気があるだろう、その近くへ来たら、もうすぐ来るよ。シカもそうだよ、人間がションベンしたとこの土、掻いて食べるよ。オレ、伊那へシカとりにも行ったから分かってるが。

それでも、毎日ウサギ食べてても、痩せ込んだわな、あのボッカやってる時は。とにかく、空身で歩くったって大変なとこをさ、あの百キロの長物背負ったんだから。まあ距離にしたら十キロくらいだけど、登りがきついんだわい。誰も受け手がいなかったんだわ、オラみてえバカモンじゃなきゃ誰もやらんわい。

それで、七月半ばから九月の半ばまでボッカやってて、一回も風呂へ入れねえんだぞ。これから小屋建てるんだから風呂桶も何もねえんだ、ドラム缶でもありゃあなあ、それもねえんだから。小屋のやつらは、タライにお湯わかして体洗っとったがな、オレラはそれもなしよ。「オイ　垢で死ぬやつはないわい」って、着てるものは、毎日、汗ザンザンかいて、だめになりゃあ、それでぶちゃって（捨てて）さ、代わりのもの着てさ、洗濯なんてしてらんねえ。

それで下界へ行って、葛温泉へ行って風呂へ入ったら、みんな驚いたよ、背中、まっ黒で。垢で黒いんじゃないんだよ、荷背負いで、あんまり重いものを背負って、背中でグリングリンやるもんで、みんな血が死んじゃって黒くなっちゃったんだわい。それで三日、風呂に入ったって、体中垢だか皮だか、まだボロボロクルンクルンむけてくるだ。みんなたまげとったさ、えらいことだった。まあまあ、ほんとに話のタネだぞ。

オレはボッカは強かった　馬みたいだって言われたわい

まあ、ボンベより何より、これがいちばんえらい仕事だったな。なにしろボッカってのは、もう背中へ荷をつけちまったら、要領つかう（要領よくやる、ずるける）ってことはできねえんだから。とにかく何がなんでも行くとこまで行かなけりゃ、金にならんのだから。上に行けば、毎日、秤《はかり》にかけて受け取るんだから、目方で賃金払うんだから。だから、ほかの者はいいから加減なことしたもんだわい。上へ持ってって、雷のくる時は待ってて、雨で木に目方がつくまで休んでたんだ。そんなことした者も居《お》るぜ。

それで、てめえで背負い出す時は、背負い子にひっつけてみてさ、持ち上げてみて、ああ、このくれえなら背負ってけるなあってことで出るんだ。ボッカはまあ、自分の体重くらいまではいいって昔から言うわ。それ以上担ぐってのは、とてもじゃないけどえらいわ。まあ、あのボッカはえらかった。今でもオラアのことは、あの小屋で言い伝えで語り草になってるらしいよ、「あのくらいボッカ強かったやつはいない　馬みたいだった」って。みんな呆れてたらしいわ。

オリャア、体は小さかったけど、我《が》で背負ったんだわ。今はこんなバカモンはいな

黒部五郎の小屋の
管理人になって

ボッカ

いわい。バカじゃなきゃ、あんなことはやらんよ。だけどオリャア、ボッカだけは本当に誰にも負けなかったぜ、そこらじゅうでボッカしたけど、ボッカだけは強かったよ。足腰は強かったから、山だって普通の人の倍は歩いたから、だから今だって足腰は強いだ。

だけど今はもうだめだ、昔のように百キロなんてものは、とてもじゃないけど背負われねえ。それでも、あれは一昨年《おっとし》だったな、六十いくつのバーサン、太ったのが、雲ノ平から三俣へ来る時、足の骨折って動けねえってわけよ。若えやつら何人もいたって、みんな顔見合わしてるっきりだ。それで、野郎どもに無理してやらせて、二重遭難でも起こしたら大変だから、オレ背負ったわい。小屋にいて心配してるより、自分でやった方が気が楽でいいわ。背負い子に後向きにしっつけて背負ってきた。あのバーサン五十五、六キロはあったたな。

あのな、オレが驚いたような女がいたぜ。東北からバイトに来た子でな、小屋で働くのはやだって、ボッカをやらしてくれって、三俣から雲ノ平を毎日、それも裸足で背負ったよ、あの石間（大小さまざまな石のごろごろしているところ）を。まあ、えれえ女だった、あの女は。オレもたまげた。あれはオレよか体でかかった、横も太いし、上もでかい。みんな、クマだ、クマだって、かまったけどな、えらい女だったぜ。

それで、たまたまアルバイトがみんな寄って相撲とるんだ、その時、普通の男はみんな投げとばされちゃった。「よし　それじゃ　オレやるか」って、オレ、相撲なんてあんまりやらんけどやったら、オレも投げられたよ。宮城県から来た大学生だ、それっきり来ねえが、あの女、どうなったかいな。

ガイド

オレは試験なしでガイドになった

ガイドってのはせえ、大町に案内人組合ってのがあって、そこへ入ってやったわけだわい。だけど誰でもってわけにはいかないよ、山知らんもんは入れないよ、お客さんの命預かるわけだから。だけどオレだってせえ、入った頃は、今から見れば山、半分も知らなかったな。まあ、案内なんて言ったって、その頃は、いいとこっきりせや。そんなおっかねえとこなんて、たんとはねえわい、痩せ尾根くれえのもんだわ。ほかには、おっかねえことねえ。途中で急にカンダチ（雷雨）が来たとかせえ、そういう時は山の上だから、おっかねえわい。

まあ、昔はいいから加減のもんだったんだわい、今から見れば。案内人組合で、こいつは、まあ、山知ってると認めれば案内人になれたけどせえ、オレが案内人組合に入って、あれは何年くらいしてからかな、資格試験受からんとガイドはできないってことになったんだぜ。だけどオレはせえ、ボッカをやって、イワナ釣りやって、猟をやって、山で生きてきた人間だから、試験なしでガイドになっちゃったんだよ。

普通はね、県から役人が来て、試験やるだよ。高山植物だって四十種類以上は知らなきゃだめだし、それから、どこからどこまでは、どのくらい時間かかるとか、病人が出た時はどうするとか、いろんな問題が出るだよ。全部で四十問題が出るだ、簡単にはガイドになれねえんだぜ。それが、鬼窪はもう試験受けなくっていいって、無試験で免状くれたんだ。今はガイドになるったっても面倒で、なかなか受からんわい。

オレラは烏帽子から槍ヶ岳、あれがいちばん多かったな。だけど、どこへも行ったよ、白馬方面だって、立山方面だって、オラア、北アルプス一帯の免状持ってたんだから。普通はね、北アルプスの北部とかせえ、中部とか南部とか、鑑札が違うのよ。北アルプス一帯って免状持った者は少ないんだよ。

それで山には管轄ってものがあるんだわい。どの山はどこの組合の管轄だって、だいたい決まっとったわけ。だけど白馬は白馬管轄だけどせ、こっちへ紹介がくれば仕方ない、こっちから出たんだわい。

オレ、一ぺん白馬へ行って、あん時はえらい目にあった。大きなパーティー連れて歩いて、一度に病人が七人も八人も出て、そん時には困ったわなあ。ガイドが大勢ならいいけど、そん時は学生四、五十人くれえのパーティーにオレ一人だったから、ほんとにえらい目にあったぞ。

途中でもって七人も、その晩病人が出ちゃってせ、白馬尻《はくばじり》の小屋に先生一人つけて寝かしといて、ほかの元気な者を白馬山荘まで連れてって、それからとび降りてきて、その晩は馬尻に泊まって、あくる日に病人の調子を見て、それを連れ上げただわい。やりきれたもんじゃなかったわい、あん時は、えらかったぜ。

ガイドも楽な仕事じゃないぜ

それでせえ、ガイドでいちばん困るのは、向こうがどのくらい山に慣れてるか、連れて歩いてみないと分からねえってことだよ。だからオレは、お客さんが案内人組合へ山へ連れてってくれって来て、会って一緒になるだろう、その時にね、「とにかく　あんたらは山は分からんと思う」と、「とにかくオレは　あんたらの命を預かるんだから　だからオレの言うことだけは　確実に聞いて守ってくれ」と、「そうでないと命は引き受けないぞ」って言って連れて歩くんだ。だから、たいてえ「ガイドさん　ガイドさん」って、オレの言うことはよく聞いてくれたわい。ガイドって言ってもせえ、たいてえ、そんなに難しいとこへ行くわけじゃあないが、北鎌《きたかま》尾根と穂高縦走だけは気をつかうな、あすこは難しいとこあるから。あすこは、ガイドで人連れて歩くのはやなとこだ。

ガイド

黒部の周りではね、向こうは黒部五郎から尾根を太郎〔山〕へ行くには、うんとやなとこはないけど、北薬師〔岳〕ってとこは、股でもって岩の上をすって歩くようなとこあるよ。岩の、ほんとの痩せ尾根、そこだけ、ほかはたいしたとこない。こっちは、後立山《うしろたてやま》連峰（富山側から見た立山の後方、つまり黒部川の東に連なる山々。白馬岳から三俣蓮華岳までを言う）の方は、烏帽子と鉢ノ木〔岳〕の間に、ちょっとやなとこある、船窪《ふなくぼ》〔岳〕の辺とかね、蓮華〔岳〕と北葛《きたくず》〔岳〕の間に。もう蓮華から北は、たいしたとこないわ、鹿島槍〔ヶ岳〕まで。その向こうだ、悪いとこがあるのは。

だけどねえ、女の子っきり七人連れて、烏帽子から穂高縦走やった時は、オラ、本当にえらい目にあったわ。西穂〔高岳〕の小屋のオヤジが、「オイ　七人女の子連れて　ここへ縦走してきたのは鬼サきりだぞ　今までオレこの小屋に何十年いても　初めてだぞ　よく無事に連れてきたなあ」って言ったわい。

だいたい女の子は、悪いとこ連れて歩く時はせえ、一人のガイドに二人くれえなんだわ。それが七人も連れてって、途中で一人の女の子が体が弱くって、もうへえ疲れてきたって言やあ、目ふさいで三十分くらい動かんのだよ。こりゃあ心配だった。向こうまで荷物はオレが背負っちゃってさ、鎖場は後からオレが押し上げてったんだわ。二人くれえなら、なにしても楽でいいよ、一人ずつロープで引き上げても。なにせ七人もいるんだから、悪いとこへ行って時間がかかるんだよ。あん時はえらい目にあったぞ。

ガイドもえらい仕事だぜ、そういう時は、もう自分のことなんて構っていられんぜ。なにしろ、お客さんの命預かって、向こうまで無事に届けるのが仕事だで。それで、忙しい時は、帰ってくりゃあ、すぐさま「明日　どこへ行け」でマクラレて（強引に行かされること）、明けても暮れても休む時はねえわい。それで遭難があれば出なくちゃなんねえし、楽じゃないよ。

案内人組合にはね、いろんな申し込みが来るんだわい。うんと山の詳しい達者なガイドって申し込みもくるし、それからイワナ釣りができるガイドとかせえ、いろんな申し込みが来るだよ。困るだよ、そういう場合にゃ、ヨテヨテ（得手得手）で出なくちゃなんねえ、いろんなお客が来るだよ。

大町の山案内人組合によ、ガイドでイワナ釣りの名人がいるかってことで、イワナを釣って、釣るとこを見して、飯の代わりにそれを食べさせて欲しいって注文が来たんだわ。それで、こういうのがいるからってオレを向けたわけだわ。それはね、まあいいんだわい、オレも、林平《りんぺい》と一緒に三、四年イワナ釣り商売でやって（「職漁」の

〝遠山林平と黒部源流で三、四年やった〟参照)、もう上手だったから。だけどそれも、場所は志賀高原の奥だってわけよ。志賀高原なんて行ったことないで、オレ、やだって言ったんだけどせ、どうしても行ってくれってわけで、あれには困ったな。

それでお客さんに大町まで迎えに来てもらって行ったんだわ。東京の歯医者さんだって言ったな。子供もいたしね、お母さんもいたよ。家中で行ったから、どうしたって三、四十匹は、毎日、でかいの釣らなくちゃなんねえのよ。それだけならいいんだわい、子供が釣りてえってば、その面倒みてせ、歯医者さんも教えろってんだから、それで釣った魚は火焚いて串刺してさ、焼いて食べさせるわけだから、えらいこったわい。

志賀高原の奥の岩菅《いわすご》って言ったっけか、その山のふもとよ。なんとか牧場ってとこの下へ行ったんだわ。九日もいたぜ。旅館にいて毎日、川まで通うっていやあ遠いからさ、テント持ってって川原に張ったぜ、朝起きりゃ、すぐそこで釣れるから。

あすこらブナばっかりや、周りは。商売人がね、二、三人いたよ。それがね、毎日釣ってては一日おきくらいに、生でもって、あの高原へ持ってって売ったんだ。木の箱へ入れて、背負い子で背負ってった。それで夏中商売してんだって言ったよ。

あの頃ガイドの日当が一日いくらだったかやあ、千円だったかや、三千円だったたかや、忘れたが、とにかくチップを一万くれたぜ。イワナ釣るとこ見してもらって、イワナ食い放題食わしてもらって、こんないいことはないって言って。

遭難救助

遺体を焼いて遺族に渡すのはやだ

それでせえ、あの年はこの北アルプスに、うんと遭難者が出た年よ。あれは二十七年だ。オレがイワナ釣りのガイドで行ってた志賀高原の方は天気のいい日が多かったが、こっちは十日も十二日も、毎日雨が降り続いて、それで集中豪雨のえらいのがあったんだ。あれは七月の初め頃だったと思うよ、一日に三人死んだんだ。あん時は水晶で一人、鷲羽《わしば》〔岳〕で二人、雨にうんと打たれちゃって、疲労凍死よ。真夏だって山では疲労凍死あるだぜ。

遭難者が出たってわけで、警防団が出てったけれども、シーズンも初めだったから、山小屋は開いてても、まだたいして荷揚げなんかしてなかったんだわ。だから小屋に着いたはいいが、食糧がなくなっちゃって、百人から警防団が出たもんで、こんだ命からがら下へ下がってきたんだぜ。

それで、オレ、夕方、志賀高原から帰ってきたら、「お前ちょうど来たで　いいで　その足ですぐ救援物資持って　上がれ」ってわけで、マクラレちゃったんだよ、夜通し。こんだ、ガイドじゃねえんだ、遭難救助ってわけだわい。これは、えらい目にあったぜ。

それで高瀬の第五発電所あたりまで救援物資背負って入ったんだが、道はズタズタにやられちまって、先へ行けねえんだ。雨はザンザン降ってくる。それで仲間と「これはだめだ」と、「死んだんじゃバカバカしい」と、それで葛温泉まで引き返して、警察に「とにかく道はズタズタで　物資持って奥へ行かれねえから　引き揚げてきて　ここで待機してる」と、そう連絡したら、怒られちゃってね。「なんだ　救援物資持って出た者が　向こうへ行かれねえなんて　そんなバカなことはないじゃないか」とこきゃがって。

それでさんざ、すったもんだやって、それでも二日ばかりそこで待ったかな。それでやっと雨が上がって、それからすぐさま食糧持って、三人死んだってことは上から連絡が入ったから、火葬にする重油も、またボッカ頼んで、それで上がってったんだわい。

それで、死んでっから十三日目で焼いたんだよ。もうウジがわいてたわい。臭くて臭くて、脱脂綿に香水しめして鼻にかって、焼いたんだ。こりゃあ、えらかったわい。最初に着いた日に鷲羽で二人焼いて、あくる日に水晶へ行って、また一人焼いて、それでそのあくる日に、その三人の骨壺背負って、葛温泉に遺族が待ってたもんで、そこで渡しただわい。

いやだ、あの焼いた骨でもね、かめに入れたの蓋とったら臭うぜ。オレはやだかった（いやだった）、遺族に渡す時にせえ、蓋とったら、ああ、やだかった。オレはへえ、あれはやだ、山で死んだのを焼いて遺族に渡すのはやだ。

オラ今までにいくつ焼いたか分からんぜ。思い出して順に数えてみねえと分からんぞ、十五、六はあるな、山で焼いたのは。いちばん最初に焼いたのは、まだ鉱山のボッカしてる時だ、昭和十何年だ、戦争中よ。それも疲労凍死だわい。

人間なんて死ぬ時はもろいもんだぜ

鉱山でボッカやってる時二人死んだんだよ、疲労凍死で。一人は暴風で雨に叩かれて、水晶の手前で死んだの。これはオレが一緒だったんだけど、途中でだめになっちゃったんだ。鉱山の技師だ。前の日に烏帽子の小屋に泊まって、朝そこを出て、途中でもって雨が降り出したんだ、風も強くって。その頃は合羽《かっぱ》なんてねえんだわい、昔の薄いゴザっての、あれを頭からかぶって雨の中歩くだよ。今のようにビニールなんてないの、油紙《あぶらがみ》ってのはあったが、だからちょっと雨が強くって風があれば、体中グショグショよ。

二時間だったな、そうしたら、もうだめだったよ、動けなくなっちゃった。オレ、肩へかけて、三、四十分連れて歩ったけど、もうしまいには、ぜんぜん足が出なくなっちゃって、しょうがねえ、岩のいい陰へ行って休もうって、そこへ座ったら、もうまったくだめだったな。二、三分でゴトーンとなったっきり、へえ、なんとも言わねえんだ。凍死ってのはそういうもんだわい。オレ、頬っぺたを二つばかり張ったけど、へえなんの反応もなかったな、そのまま死んでしまった。

九月初めだったな。前に言ったろう、真夏だって疲労凍死あるだよ。三千メーター近い山の上だから、もう疲れて体が参ってきてるとこへ、気温が下がって、雨に打たれて、風に吹かれれば、もう体温は下がるっきりだから、人間なんて弱いもんだぜ、体温がうんと下がればもうへえだめせ。

そん時はオラアだって、いも少し（もう少し）で死ぬばかりだったんだぜ。オレにね、ほかにもう一人ボッカが行ったんだ。そのほかに鉱山の社長と事務長とその技師と、五人で行ったんだわい。それで技師は水晶の手前で死んじゃったから、「これはだめだ」と、「こんなことしてたら　みんな死んじまう」と、「とにかく早く水晶の小屋へとび込め」と、そこから水晶の小屋までは、オレが一生けんめいとんで四十分かかったな。オレがまっ先着いて、その後の者は三十分遅れて来たわ。それから三十分遅れ、十五分遅れぐれえに、順に着いたわ。いちばん遅く着いたのは社長だったな、年とってたから。

オレは小屋には着いたけど、もうへえ指先が利かねえの、懐のマッチが出せねえんだから。その頃は小屋は無人でせえ、人に出してもらうわけにいかねえんだ。それで小屋ん中をグルグル歩ったり、足踏みしたり、次のやつが来ても、オレもそいつも喋ることもできないの。後から来た者も誰も喋れねえの。もう死ぬ寸前だから、口をいくらかモグモグさせるっきりで、あんなバカなことはなかったな。あれ、いも一時間雨に打たれたら、全員死んだな、あの時は。

それから小一時《こいっとき》たったと思うよ、そのうちにいくらか手が利くようになって、マッチが出せた。それから火焚きつけて、みんなを暖めてやったわい。暖めてやったはいいけど、夜になって、食う物がねえんだわ。ボッカで二人は食糧背負ってったんだけど、それがせえ、一人は味噌、一人は野菜っきりよ。食べれば食べられんことはねえんだけどせえ、もう食うのはいいと、食わんでここにいようと、晴れ次第出れば、もうそこから一時間かかれば鉱山へ行くんだから、ここで体を暖めていようと。それに社長と事務長が行くってことは連絡がついてるんだから、そのうちに迎えが来るだろうと。

ところが、その迎えが、あくる日の朝八時半頃になって着いたんだわ、二人、ムスビをうんと背負って。それが夜出てきたんだけど、暗くって道に迷っちゃって、一晩野宿したんだわい、いも三十分で小屋に来るってとこで。森林帯を出たとこで一つ沢を間違えて、道迷っちゃってさ、そうなったら動いちゃいけないってことで、そこで二人でもって岩の間で抱き合って夜を明かしただわい、どうにか死なないで。小屋に来た時はやっと喋れるようになってたわい。

そのムスビを食べほうけえ（食べたいだけ）食べてさ、食べたからってすぐ動けねえんだわい、昼頃まで小屋にいて、火にあたってて、それから降りてったわい。

ところが一人死んでるだろう、だから鉱山に着いて、オレが一人ですぐとび帰ったんだぜ。それから医者と営林署の衆連れて、また上がってきて焼いたんだわい。えらかったぞ、これも。

その時は、十日間で二人死んだわ。九月の七日に一人死んで、十七日にもう一人死んだんだ。疲労凍死で、二人とも鉱山の人だ。

後から死んだのは鉱山長、新しく来た人で、やっぱりオレも一緒に上がってきたんだわい。野口五郎の頭へ来てさ、現場はどこだって言うから、向こうの水晶の山の裏側だって教えたんだわい。そうしたところが、それならオレは一人でも行けるから、疲れたから、ここで休んで後から行くで、みんな先へ行ってくれってわけだ。昼になったかならねえ頃だな、それでみんなは先へ行ったんだ。

ところが小屋へ行って夜になったって来んわけだ。さあ、これはだめだと、おかしいと、途中へ来て寝てるのかな、どうしたかな、まあ、ムスビを詰めて迎えに出ようやってことで、夜中の一時か二時だぜ、オレともう一人ボッカのやつでもって行ったわい。そうしたら途中どこにもいねえんだわい。こりゃあ迷って三俣の小屋へでも行ったかいな、三俣へえーべ（行くべえ）って、小屋へ行ってみたが誰もいねえ。しょうがねえ、二人で綿《わた》っきりの布団にくるまって寝てさ、夜が明けて、また探してみても、どこにもいねえんだわい。しょうがねえから、いったん帰ろうやってわけで帰ったが、こんだ大騒ぎだ、捜索に十五人か二十人も出たろう。水晶から野口五郎の間の稜線から、両方の谷底から、そこら十日間探したのに、分からねえんだよ、その時は、どこへ行ったのか。

後で分かったんだが、水晶から赤牛〔岳〕の、赤牛に近い稜線で死んどった。野口五郎で別れたのが十一時過ぎだったんだから、どんなにゆっくり歩いたって五時間はかからんよ。鉱山へ降りる道だたって、そんなに分からんような道じゃねえんだから、あれは疲れて途中で休んでるうちに眠っちゃったんだな。それで暗くなっちゃって、降りるとこ分かんなくなって、稜線行っちゃって、そこで寝てて凍死だ。

人間なんてものは死ぬ時はもろいわ、ほんとにもろいもんだぜ。まあその日は雨は降っちゃあいなかったよ、だけど霜はガリガリに来る頃だから。それもオレラが焼いたんだわい。

今は山で火葬にできないが、昔はみんな山で焼いたんだよ、現地で、昭和三十年くれえまでは。それで現地で焼くったって、薪伐るで、営林署と、それから検死のお医者さんが行かねえわけにはいかねえんだよ。どんな、おっかねえとこで死んでも、検死はしなくちゃいけねえんだ、医者連れてかなくちゃ。今はヘリで下へ降ろしてからお医者さん診るから楽になった。

昔はね、この北アルプス越えでずいぶん死んだけど、場所によっちゃあ、死んだやつは毛布に包んで、波板（トタン）にくるんじゃって、上からマクリ落としたんだよ、火葬できる場所まで。

焼くにはせ、重油持ってって、薪を伐ってぶっかけて焼いたが、八、九時間はかかるよ。ハラワタがなかなか焼けないの。頭ってものは案外早く焼けるんだわ。それで、焼くには着る物剝《は》がなきゃだめだぜ。火つけたって肉にピタンとくっついちゃって燃えが悪いの。だから、ナタでもって、みんな切って、体から剝がさなきゃ。やだ、あれは。まあ死んでね、三日や四日のものを焼くのは、まあいいせえやあ、いちばんやなのは半年も一年もたったのを見つけた時よ。だめだ、あれは、半分以上腐って垂れてるからさ、臭くて臭くて、手がつけられないわ。あんなもの、ドロドロになっちゃってて、いやあ、えらかった、えらかった、火焚けるところまで降ろさなきゃなんねえから。

北鎌〔尾根〕でせえ、千丈《せんじょう》沢で落って死んだやつを降ろしに行ったら、前の年に落ったやつが岩の間に挟まって死んでやがった。参ったなこれにゃ、川原まで四、五百メーター降ろしたんだから。戦争中はね、下から火葬場の人間、連れてったよ。だけど、戦後しばらくは、それみんな、オレラ救助隊がやったんだよ。

夏でも冬でも遭難救助で山へマクラレて

まあ、遭難でもあれば、ガイドをしてる者は、山へ入ってボッカしててもなんでも、そういう時はまっ先、ひっぱり出されるんだぜ、わけの分からんやつ連れてってもどうしようもねえから。それで遭難の多い年なんか、捜索してよ、遺体見つけて焼いて、遺骨持って下がれば、もう休む間もない、「明日　お前　富山へ行け」だ。追いまくられて、「オイ　一日くらい休ましてくれや」なんて言ったって、「だめだ　だめだあとまだどんどん続いてるんだぞ　どうするんだい」ってわけ。

だから、オリャもう、夏でも冬でもひっぱられて、年取り（大晦日）に家にいねえこと何年もあったぜ、遭難さわぎで。正月休みってことで、みんな冬山に入るでしょう、それで暮れの二十九日、三十日に遭難すれば、すぐさまひっぱり出される。ほかの者は家でのんきに年取りやってるってのに、山へマクラレて、吹雪の中で、ひでえ目にあったわい。

それで二重遭難にでもあってみろ、えらいこった。オレと一緒に行った人は死にゃあしねえよ。ほかではあったよ。死んじゃったわな。白馬のガイドしてたのが、カンジキが、どっかひっかかったとかなんとかでもって、落って死んじゃったぜ、北鎌だよ。あすこは悪いには悪いよ、だけどせえ、悪いったって、ほかの衆が何人も一緒に行って歩いたとこを落ちるなんて、歩き方が悪いんだ。ズボンの裾かなんかにカンジキがひっかかって落ったらしいよ。それはどこへ行ったってあるんだよ、危険だわい、冬山なんて。

オレは初めっから遭難救助隊員だったから、あれは昭和二十何年に出来たかな、二

十二、三年か四、五年か、はっきり分かんねえ、ガイドやってたから、ガイドから救助隊ってものを編成したんだから。救助隊員ってのはね、カモシカ追いやってたって、何やってたって、呼び出されるんだぜ。オレ、何度も行ったもん、しょうがねえわ、県警から命令くりゃあ、横着言ってられねえや。

まあ出る者は決まってたわな、山の強い、明るい、詳しい者でなけりゃあだめだから、ナマクラな者は行かないわ。山暗い人は、なんとかかんとか言って行かない。行ってても役に立たないわい、役に立たないだけならいいが、てめえが死にに行くようなもんだから。

もう、救助隊で出なかった年はなかったな、毎年だ。救助隊ってのは、この北アルプスでも、北部、中部、南部と三つに分かれてたんだよ、白馬管轄、大町管轄、豊科《とよしな》管轄と。それで大町はね、鹿島〔鹿島槍ヶ岳〕から槍ヶ岳までだ。だからオレたちは鹿島が主さ、それから北鎌とかさ烏帽子さ。

管轄はあってもさ、向こうが手のねえ時には応援に行ったし、向こうからも来たよ。こっちから上高地の方へも行ったことあるよ。まあ手が足りねえ場合だ。黒部五郎とかあっちの方は富山の管轄だから向こうの衆が来たよ。あすこは、どっちから行くったって大変だわい、だから冬は主に富山の衆が出てくれた。

行方不明となった遭難者を捜索して発見できず、
諦めて白木の墓標を建てる（昭和20年代　南沢にて）

死にかけたやつの命を助けたなんてのは、いくらもないぜ。まあ救助隊が出るような時は、もうへえ死んでることの方が多いわい。えらいのは、ケガして動けなくなったやつとか、足折って歩けなくなったってやつだ。上から下まで、おぶい出してこなけりゃなんねえから。熱が出たとかってのは途中からよくなったりしるからいいんだ。だけどせ、グッタリしたやつを、おぶうのは重たいぜ。あんなもの、首はだらりとしてるし、クニャクニャしてるし、おぶいにくいぞ。だから背負い子にしっつけて、背負うのがいちばんいいや。

でも、あの九州から来たって女は、あんなのは人間じゃあないなあ。北鎌の下でなあ、スリップして落ってって足を折ったんだよ。それをオレ夜通し葛温泉までおぶって出してくれたんだよ。それがハガキ一本よこさねえ。オリャまだ忘れんで、ほかの人はハガキ一本くれえはよこすよ。その女だけ。

仲間が三人か居《お》って、同じ会社の衆で、その男野郎どもがついててね、交替でおぶって出てくりゃあいいじゃねえか。それが、どうでも救助隊が来てくれなけりゃ出せねえってことで連絡がきて、オレが行っただわい。警察からオレに行けって来たから、しょうがねえ、行ったんだわい。

まだ雪のある頃で、足折ってるから、添え木してやってからおぶったんだが、背中でおぶってるんだから、どうしたって女の足は、オレの体の横につん出てるわけよ。それで雪が二尺も三尺も道の両脇にあるだろう、そうすれば、どうやったって時たま雪に当たるわけだ、女の足が。ちょっと当たれば大声あげてイテテテだ、大声あげて泣きべそかくんだわい、背中で。オレは夜通し汗しっぽりかいておぶってるのに。それで夜明けに葛温泉に着いて、タクシー頼んでやって、病院まで下げてやったけど、ハガキ一本よこさねえんだから、あんなのは人間じゃねえわい、どういう了見だか。まあいろんな者が来るだ。

なかには救助に出た者の日当も払わんやつがいてせえ、最初のうちは組合でも困ったことあるの。そんなに遠いとこまで、金とりにヤクヤク（わざわざ）何度も行けないし、それで、もう警察にまかして、警察でもって責任を持って、日当はその家からとって、オレラにくれるってことにしてもらったんだ。

お陰でいいガイドにしてもらった

まあ、オリャ救助隊でどのくらいマクラレたか分からんぜ。まあ、山をそんなに闇雲に、こねくって歩かされたで、山も覚えただ、メチャクソやったから。だって、そんな道もない谷底から、そこらの悪い崖のようなところから、みんな捜索やらされたんだから。こんな、おっかねえような岩《がん》ピン（岩壁）、百メーターもザイル使ってやったんだから。まあ、そのお陰で、いいガイドにしてもらったってことだわい。

昭和三十五年だ、あの当時は上《かみ》ノ廊下を簡単にやれる人はいなかったのよ。その時にオレと、有明《ありあけ》の山越ってガイドでもって、信毎（信濃毎日）の新聞記者とカメラマンと二人連れて、十日がかりで、上から、三俣の小屋から黒四ダムまで、ダムはまだ完成してなかったよ、それを三俣から出て、高天ヶ原へ行って、立石奇岩《たていしきがん》へ行って、それから黒部の本流を下ったんだわい、写真うつしながら。

歩けるとこは、ほとんど水の中を歩いて、ちょいちょいと高巻きしてね、ザイル使って。あん時は四十メーターのザイル二本か三本持ってったろう。それはもう水の深いとこはえらかったわ、背が立たなんだから。だけど下《しも》ノ廊下のような急流はないからな、一カ所ちょっと急な、やなとこはあったけど。

オレも山越も、その時初めてよ。その頃、上ノ廊下連れて下る人はガイドでいねえんだわい。行けるか行けねえか、そんなもの分からんのだよ。山越は心配でね、飯もたんと食えねえんだ。オレよりか年とって、ガイドとしては古いけど、心配で心配で寝ても眠れねえし、オラアもう闇雲に連れて行っちゃうずら、おどけて（おどける＝驚く）るんだよ。「鬼サの度胸のいいのには　オラ　たまげたよ」ってこいて、「そんなお前　こんな山へ入って　度胸玉悪くって　山できるかい」ってオレ言って、どんどん先導してったわい。

あれはね、新聞にね、歩いた一日ずつをさ、十日間出したよ、写真も毎日、変わったとこ載して。九月に行って、十月の終《しま》いに十日間連載したわい。

あん時は面白かったな、オレもガイドじゃ経験積んで、北アルプスは西も東も、どこでも分かる時だ。暗くなっても、ちょっと待ってくれなんて言わねえ、どんなとこでも、道のないとこでも案内できる時だ。あれ新聞出たら、オレラの方のガイドはみんな、おどけとったで、「オイ　よくお前たち　素人連れてったな」って。

まあ、お陰でいいガイドにしてもらったんだが、それでいけねえ、山を覚えるもんで、さあ、めった（めったやたらに）ケダモノとりたくなっちゃって。知ってるからね、あすこへ行けば何がいるとか、何がとれるとか知ってるからね。

黒部の奥はケダモノ多い、クマだってカモシカだって。クマなんて昔はうんといたよ、もう毎日二、三頭は見てたぜ、ボッカしてる頃だけど。カモシカなんか、どのくれえ、いたもんか分かんなかったな。戦争中から終戦直後なんて、あの頃なんてものは誰もかまわんかったから。

イワナ釣り

職漁

遠山林平と黒部源流で三、四年やった

イワナ釣りは、土方やってる頃から、ちょびちょびやったよ、雨っ降りとか休みの日に。餌でも釣ったし、毛バリもやったよ。やったけど、オレ、まだその頃は素人よ、素人も素人、本当のド素人だわい。本格的にやったのは、林平（遠山林平・当時の大町では有名な猟師で職漁者）とやるようになってからだ、戦後だ、オレが三十一、二の頃だわい。魚釣りも鉄砲も好きだったから、一緒に行かねえかってことで行っただわい。

林平はその頃、三俣の小屋を根城にして、黒部で、上ノ廊下の立石から上を所場《しょば》にして、夏はイワナ釣り専門でやってたんだ。オレはその頃ボッカしとって、ボッカ長で、人夫連れて歩いて、米、味噌、野菜、食糧は何でもみんな揚げてきたんだわ、三俣の小屋へ。

それで、ボッカの仕事がある間はボッカやってよ、八月の末か九月に入って仕事がなくなってから、一緒に行って、三十日か四十日、入りっきりでもって、二人でやったんだわい。オレはまだイワナ釣り上手じゃなかったから、小屋周りの仕事やってた。

オレが釣ったじゃ、林平みてえに釣れねえから、半分も釣れねえから、林平は「オレ釣るから　お前焼け」ってだ。

それで林平は釣り専門。オレは小屋にいてもせえ、魚焼くったって、薪がなくちゃ焼けねえだから、それであれはね、夕方から焚いて、夜中からまたあくる日も、とにかく一日中焚いてなけりゃいけねえんだから、魚焼くには、その薪を間に合うだけにオレが伐らなくちゃなんねえの。それが大変なんだわい。だから小屋にいて、薪伐り専門で、そのほかにオレは飯事《めしごと》したりしてね、小屋にいたわけだ。

それで薪伐りが間に合ってる場合にゃ、釣りに行ったよ。林平にくっついて一緒に行くこともあるし、「お前　どこへ行って釣れ　オレ　どこへ行くから」って分かれて出たがね、林平は上手だったよ。毛バリ専門でもって、あれはうまいもんだった、名人てもんだわい。やっぱり、オレとは違ったわい。川の流れ、水の量の多い少ないで、ちょっと釣り方を変えたわな。やっぱし上手だけあって、小水《こみず》のとこはどういう釣り方するとか、水の淀んだとこはどういう釣り方するとか、釣り方を変えたわな。オレもそういうのを見て、覚えたんだわ。だから、たんと釣るようになったのは林平についてからだわい。

林平は一日二百〔匹〕しか釣らねえだわい。二百釣ればもう帰ってきちゃう。林平ってのは、イワナ三十か四十釣ってビクが一杯になったら、もうハラ出して、川のはじっこの方の水の中へいけとくの。イワナなんてものは、五分でも早くハラ出さなきゃだめ。ハラ出さなんで、ほっといたら生きが悪くなっちまう。だからハラ出して、川端の水にいけといて、それを帰りに集めて、ネコザ（木の皮やワラで編んだ背負い袋）へ入れて背負ってくるの。ネコザには、そんなにたんとは入んねえんだわい。二百釣ればもうネコザが一杯になっちゃうの。だから、それ以上釣らねえんだわい。だけど、まあ毎日は二百は釣れんわな、百五十くれえの日もあった。

あの頃は、黒部の源流なんか誰も入らんもの、だから釣れたわい。とにかく林平と来た頃は釣れた。まあ百五十以下なんて日は、たんとなかったよ、毎日、百八十とか二百だよ。

それをオレが夜中の一時二時までかかって焼くだよ。林平が帰ってくりゃあ、ハラを出して持ってくるから、すぐさま、へえ夕飯前から串刺して焼くだよ。まず、えらかったな焼くのは。あれだけ毎日釣ってこられりゃ、どうにもならんわい。だから二人でもって出て、えらく釣っちゃったら、一晩中かかったってまだ終えねえや、焼くに。とてもじゃねえけどだめだ。あくる日一日寝てなきゃだめだ。とにかくえらいよ、あれは。えらくて、えらくて、もう痩せ込んだぜ、オラア。だいたい、あんな仕事はオラアには向いてねえんだわい、魚釣りの小屋周りの仕事なんてものは。

燻製は山通し槍ヶ岳越えて白骨へ運んだ

林平と一緒に行ったのは三、四年じゃねえかや。立石に岩小屋があって、それから薬師沢の出合に昔の鉱山小屋があって、それから上に来て五郎沢の下に、自分で拵《こ》した小屋があってね、そこでやったんだ、三つ小屋があってね。

それで三俣の小屋から出て、上でもって、五郎沢の小屋に泊まって一週間釣れば、真ん中の小屋へ行って、そこで一週間釣って、こんだ下の立石の岩小屋へ行って一週間釣る、そういう具合にしてやってたんだ。

立石ってのはね、上ノ廊下の中程、水晶の裏から流れる岩苔小谷って沢があって、その出合が立石だ。そこに岩小屋があって、その上が立石奇岩だ。

立石の岩小屋は、三人は寝られたな。あれは天然に出来てはいたが、人間が岩の下ほじくって拵したもんだな。だけど、いいとこがあったもんだと思うよ、ありゃあ。大きな岩がずーっと出ておってせえ、板とか木の皮で囲う必要なかったんだから、あの岩小屋は大したもんだったぜ。

炉は奥の岩の際《きわ》へ、こっちのとこへ、オグラブチ（囲炉裏端の木枠）っていうか、長い木をずーっと置いて、火を横に長く焚いて、そこへ魚をずーっと並べて差して焼いたわい。それで、その小屋は横の方にちょっとした穴があいてて、ちょうど具合よかったんだ。風が入ってきて、煙出すのにも具合よかった、そういう岩小屋だったわい。寝るには、炉の前によ、草を敷いて、その上にツガの枝を少し伐ってきて並べて、その上へ着たまま、ただゴロ寝だわい。夜になったって、火焚いてるから、だいたい一時か二時まではイワナ焼いてるだろう、それから寝るんだから、寝る時に大きな木をくべとけばトコトコトコトコやってるから、ちっとも寒くはないわい。

薬師の小屋は、あれは昔の鉱山小屋が、もう潰れてよ、屋根だけ三角になって残ってて、その下へ横からもぐり込んだんだわい。まてよ、最初に行った時は、まだ潰れんで、まともに建ってたかな、それで二回目に行った時は、雪で圧されて屋根だけ残って三角小屋になってたんだ。それへ横から入り込んで使っとったんだわい。

五郎の下の小屋は林平が造ったもんだ。丸太を伐ってきて、骨組み造って、カワグルミ（サワグルミ）の皮をむいて、それで屋根葺いて、ぐるわ（周り）もカワグルミの皮おっ付けて、戸もカワグルミの皮で、夜だけちょっと、おっ付けて寝たっきりよ。小さい小屋よ、炉があって、二人寝ればもういっぱいだ。

それで、飯盒とか鍋とかは、みんな、それぞれ小屋小屋に隠して置いてあった。見

山小屋でイワナを焼く

えねえようなとこの木の根っこの穴へ入れといただ、味噌とか、そういうものも。そんなもの背負って歩ききれるかい、途中イワナ釣りするんだから。

五郎沢の小屋から薬師の小屋までは川通し、だいたい行ける、川越しせんでも。薬師から立石までは、何回も川越しするようだ。そうして高巻きしたり、岩場へツったり（ヘツル＝急な崖などを貼りつくようにして横這いで渡ること）して行くだわい。立石より下に金作谷ってのがあるの、そこから下はもう、いわゆる〝上ノ廊下〟のいちばん悪いとこよ。それでも〝下ノ廊下〟に比べりゃあ、悪いったって知れたもんだ。

オレはそれまでは本当の燻製を拵せえるよう（方法）知らなんで、あれは林平に教わったんだわい。焼くのを教わったりさ、焚き物はどんな木がいいかってことも教わったんだ。あれはミヤマハンノキでなけりゃだめ、いい色が出ないだ、ベッコウ色が、あれがいいんだ。それで、ミヤマハンノキはたんとあんの、山の沢へ行くとね、それを伐ってきて焚くと、ベッコウ色が出んの。

ほかの木はだめ、ヤナギなんてのは燃えないし、それから、まっ黒くすすける木もだめ。だから白骨《しらほね》〔温泉〕なんかへ売りに行くと、ああ、これは大町近辺の人が拵した燻製だってすぐ分かんの、ちゃんとベッコウ色でもって、本当にカンカンに拵してあるから。まあ本燻製ってもんだわい。

それで燻製にしたイワナは、オレが一人で売りに行ったんだよ。林平は釣ってるっきり。六貫目出来りゃ、今でも、野菜入れたりする大きい竹のカゴあるだろう、あれを持ってっといて、あれにギシギシに詰めて、背負ってってたんだ。あれはギシギシに詰めると六貫目は入るだ。それを針金で縛って、背負い子につけて背負ってってった。

それはせえ、釣り小屋から三俣蓮華〔岳〕へ出てさ、双六〔岳〕通って槍ヶ岳へ出て、それから上高地へ降りて、白骨へ売りに行ったんだ。どうかすると、三俣から下界まで（大町まで）背負ってって、そこで売れったけ売って、残りを松本へ出て白骨まで売りに行ったこともあるよ。だけど、主《おも》、上だ、縦走路を行ったよ。

やあ、時間はかかるぜ、簡単なもんじゃねえぜ。荷物は六貫目だから重たいことはないけど、朝、暗いうちに出て、オレの足で白骨までは一日かかったよ。まあ、上高地まで行けば乗り物あったけど、それまでは、何がなんでも歩かにゃいかんからね。一日で歩くってことは大変なことだよ。行って一晩泊まって、またあくる日に一日で帰ってこなくちゃなんねえ。

生の魚を夜通し山越えて上高地へ運んだやつがいた

それをね、夜やったやつが一人いたんだぜ。昼間釣ってて、二日か三日くれえ釣ったのを、夜通し行って上高地で売ったんだ、生で。まあ生で売れれば、燻製にする手数かからんし、率はいいわい。そいつはせえ、上条って野郎で、松本から入ってたんだわい。この野郎はいくらも釣りえないの、一日に二十五か三十ぐれえっか釣れねえの。それでもずっと黒部の谷をとんで歩ってたぜ。そうして夜、夜通し歩いて上高地へ背負ってったんだぜ、山を。

昼間は釣って、雪渓の雪のうんと残ってるとこへ、釣ったやつを、ビニールの袋へ入れたかどうやったか、いけといてよ、ある程度たまると、それを石油缶へ入れて、背負い子で背負って、トットットットッと、双六越えて、槍ヶ岳越えてよ、夜通し持ってったんだぜ。その野郎は昼間は歩かん、魚が生だからいたむで、夜っきりよ。

あれで三年くらい釣りに来たかなあ。それで、ろくなものを食ってるもんじゃねえなあ、パンのカスみてえなもの、うんと詰めて持ってきて、そんなものっきり食ってたんだ。それで、そりゃあ乞食みてえ恰好して釣っとったよ。「お前　いくつ釣った」って言やあ、十か十五、六ビクから出して、「これだけだ」なんて、「お前　そればかし釣って　商売になるのか」って言やあ、「オラアこれでいいだ」って。

まあ、あの頃なんてものは、林平かオレか、その上条しか、あんな黒部の上流にイワナ釣り入った者はいねえんだわ、ほかにゃ。最初は、林平はめった怒ったもんだわ、

「ワレ来て釣ったもんで　魚こすくなって釣れなくなるで　どっか行け」なんておどしあげたもんだ。「そんなこと言わねえで　遠山さん　ぜひお願いします」なんて手合わして。あんな二十か三十っか釣りえねえ者、怒ったってしょうがねえやな、てめえでは毎日百五十も二百も釣るものをなあ。

だけどまあ、あれはたんと釣る釣らないじゃねえんだ。誰か川端歩いちまやあ、へえもう、その沢はだめよ、その日は。だから林平は怒ったんだ。「ワレ　めった川端とんで歩くから　魚がこすくなってだめだ」なんて。オラアまだ年は若いで、林平がおどしあげてるの、黙って見てたけど、林平だってまだあの頃は若かったでな。

あれは、上条はカカと仲が悪かったんだな、それで家にいりゃあケンカばかしして。年も五十くれえにゃなってたかも知らんなあ、それで野郎、山へでも来て、そうして魚釣って、気ままにいりゃあいいってことらしかったよ。

それが死んだんだぜ、行方不明になってな。林平もオレも、だいたい野郎の釣って歩くコースを知ってるもんで、行方不明になった時、二人で一週間も十日も探したんだわ。だけど、いねえんだわい。それでやめちゃった。そうしたら、いねえわけだわい、それから三年ばかり経って、野郎が登り降りしてた道よかも五十メーターも入ったところで、白骨になってけつかった。その野郎の上条何々って名前が書いた飯盒が、そこにあったから分かったわけよ。

東沢の奥の野口五郎の肩を巻いて降りたとこだ。その森林帯の中で死んでたんだ。人のたまに登り降りするような道から、奥へ入った森林帯の中に死んでたんだから、あれ、どっか具合悪くなって、中へ入り込んで寝てたもんだな、それで死んだんだわい。九月の半ば頃じゃなかったかい、へえ山は雪が降る頃だよ。


だけど、いいわい、白骨が出たんだから。黒部の薬師沢で死んだ太郎小屋のやつは、ぜんぜん白骨も出ねえだよ。太郎小屋に飯作ったり出したりするに頼まれて来てただ、夫婦でね。それがイワナ釣りに行くって出て、それっきり帰って来ねえだわい。六月のね、十五日かそこらだぞ。それでそん時にね、霰《あられ》が降ったんだわ。小屋を出て一時《いっとき》ばかししたら、霰がおそろしく降ってきたんだ。そのせえじゃねえと思うんだけどせ、とにかく行方不明になった。

それで小屋の衆が二十日ぐれえも、あすこら、山ん中から川の端探してたずら。分かんねえ、流れたんじゃねえかなんて言ったがね、流れたもんなら、あんな沢だもんなあ、どっかにひっかかっていてもいいわな、夏中にゃ、どっかに死体が見えるわい。いまだに出ない、もうへえ何十年だか知らねえが、白骨も出ない。

まあ黒部には、登山者で死体のぜんぜん出ないのはいくつもあるわい、テントはあったが死体がないとかな、飯盒だけあったとか。

川荒れで林平も死に損なう

まあ林平とは三、四年やったかな。それで林平は魚はうんと釣るが、オレが薪伐りやって魚焼いてなきゃ商売になんねえんだから、いっそ（まるっきり）、アテガイブチってわけのもんじゃなくって、七・三か四分六くれえにはオレに金くれたわな。それでなきゃ、オレ、一緒にやらんもの、空奉公なんてやらないわい。なにしろ、売りに行くのは、みんなオレが売りに行ったんだから、いくらになったか、オレがみんな知ってるわけだから、林平だって、そんなにデタラメなことはできねえわい。

結局、林平がイワナ釣りをやめたのは、何年かして、登山者がわんわん来るようになってからだ。あれはね、人が大勢入って、上、下、毎日ガツガツガツガツ歩かれたら釣れないの、イワナ絶対出ないもん。イワナってやつは臆病な魚だから、人間の影見ただけで出ない。そうして、その頃になると、もう店屋に行けば何の魚でも、いくらだって買えたから、イワナの燻製も、あまり売れなくなって、それだからやめたんだわい。

それでせえ、オレラが釣り小屋で使った薬師沢の鉱山小屋ってのは、黒部〔川〕と薬師〔沢〕の出合にあって、そこはうんと川原が広いんだわ。カベッケが原って言ってせえ。小屋は、川が小水の時にゃ三十メーターか四十メーター水から離れとって、水面からは三メーターくれえ上がってたと思うがな、川幅がうんと広いから、水がふえても、あすこ一メーター増すってことは容易なこんじゃないよ。だけどせえ、あれは二十五年だったかな、二十四年だったかな、八月だと思うよ、えらい台風が来たんだわい。

そん時、林平は薬師の小屋へ行って釣りしとって、死にはぐったんだぜ。それこそ、ものすごい雨風でもって、大水が出たんだわい。とてもとても、そりゃあ、小屋の中まで水がついたと思うぜ。それで何日も大雨が続いて、林平が生きてるもんか、流されたもんだか、三俣の小屋の連中が心配して、そこで倉繁ってのが、行って見てくるって言って、見に行ったら、林平も生きとって、それこそ、フラフラになって途中まで上がってきて、行き会ったんだわい。オレはその時はボッカしとって、林平と一緒じゃなかったんだわい。

あの台風はえらかったな、あれは、それこそ三俣の小屋の屋根がぶっ飛びそうだっ

昭和20年代初め頃の三俣小屋（写真＝伊藤正一）

たぜ。オレ、屋根がね、板が少しはがれて、トタンがはがれそうになったから、上がってったら、オレがドーッと吹き飛ばされたんだから。あれ、いもねえ（もう少しね）、あの風が三十分も吹いたら、あの小屋吹っ飛んじゃったよ、みんな。もうお客さんにゃ、みんな遺言状書いてもらったんだから。それでもうみんな靴履いて座ってたんだから、すぐとび出す覚悟でいたんだから。そりゃあ、ひどかったわい、みんなお客さん、顔の色まっ青になって、もう、物も喋らなんだわい、あんときゃ。

オレも山へ長くいるけども、そうだな、林平が薬師へ釣りに来てる頃は二度ばかり、えらい台風来たよ。オレが、その頃ね、三俣でボッカしてて、それから黒部五郎の小屋に管理人で入ってってからに、一度えれえのが来たわい、台風で。なにしろ便所がね、外へ建ってたろう、そんなもの百メーターも向こうへ飛ばされて、ハイマツの中に転がってたことあったわい。

それから、あれは四十四年だ、もうえらい台風が来たんだ。あん時はえらかった、高瀬の谷は集中豪雨だった。葛温泉はみんな流されて、両岸みんなナメちゃったぜ。奥に入ってるお客さんはみんなヘリコプターで出したんだから、橋はみんな流されちゃって、道もみんなやられちゃって、通れなくて。オレは、あの年はね、ちょうど胃の具合悪くて、ずっと医者にかかってる時で、台風の時は下へ下がって医者に通ってる時よ。それでオレ、いくらか具合よくなって、上高地まわりで入ってってたんだわい。黒部の谷もみんなやられちゃって、それからイワナがうんと減っちゃったんだわい。みんな流されて死んじゃったんだわ。あれから後には、あれほどの台風は来てないな、来てもあれほど谷を洗わない。

イワナ釣り談義

毛バリ

林平はハリ小さかったよ。それで何型ってきめて、同じハリを使うってわけじゃなかったな。竿は三本継ぎくれえに自分で作って使ったな。黒部の奥だから、長い竿持ってくの大変だから、ノベ竿を三本に切って、自分で作っただわい。長さは十尺くれえ。林平は、今日、（川の）こっち側を叩きゃ（釣れば）、次の日は反対側叩くって具合にやったから、長い竿は要らねえんだわい。十尺くれえの竿に桐で手元をつけて、それでやったわい。

それで林平の毛バリなんて、あんなもの、いいから加減に巻いたぜ。毛なんて、なんでもいいってことで、ちょこちょこっと巻いて、面倒くせえ時はね、二所《ふたところ》クルクルッと巻いて縛っただけでも、それでも釣れたわい。あんなもの、てえねえに巻かなんでいいってだ。毛なんて、ちっとばかりついてりゃ、それでいいんだって言って。

まあ、毛の色なんか、何でもいいってことだけど、オレは時季によって、ちょいと違うぜ。早いうちは黒を使うわ、八月の盆過ぎたら茶だわ。だけど黒じゃなけりゃいけねえ、茶じゃなけりゃいけねえってことはないぜ。そんなもんじゃないわ。オレが白い毛使ってたら、みんな「そんなもんで釣れるかや」ってこきゃがって、「バカこくな　白い毛でイワナ釣れねえってことがあるか　見てろ」って、釣って見せたら、いくらでも釣れるだ。あんなものは魚に見えて、自分に見えさえしりゃあいいだ。

あんなものは、そんなに面倒なもんじゃねえ、みんな講釈言うだ。川へ行って見りゃあね、バッタがとび込んでも、チョーチョーが落っても、来るよ。あんなものは腕だわい、いかに魚をだますかってことだわい。

オレは昔から竿は長えもの使わんから、馬素《ばす》（馬の尾の毛を縒った糸）なんてものは使わんぜ。へえ、糸はハリスもミチイトも同じ、ナイロンテグスの三号通しだ。あれはね、同じナイロンテグスでも硬いのと軟らかいのがあるから、硬いの使うの。それでバカ（竿の丈より糸を長めにすることをバカを出すと言う）もたんと出さんの。人は「そんなもので毛バリ振れるかや」なんて言うが、「バカこくじゃねえ　オレはこれで釣るんだ　釣ってみせるから見てろ」って、釣ってみせると、みんな驚いてけつかる。オラア二号じゃだめだよ、切っちゃうから、三号でねえと。オラア、闇雲に上げるから、掛かりゃあ、パッと上げちゃうから。

それでハリは海津《かいづ》、あれが、いちばんいい。オレもハリはいろいろ使ってみたでもせえ、曽根原（曽根原文平・白日社刊『イワナII　黒部最後の職漁者』の述者）に毛バリ巻いてもらったことあるんだ、そうしたらハリは海津よ。あれはいい、折れねえし、掛かりはいいし、それからずっと海津だ。それで胴はやっぱり曽根原みたいに三回巻かなきゃだめだな。林平みてえに、いいから加減に巻いたじゃ、すぐだめになっちまう。オレ、すぐ分かって、それから自分でもやってるだ。だけど、曽根原はシッポつけるけど、あんなもの、いらん。あんなものはつけなんでも、いくらでも釣れる。

それで誰だって、最初はみんなそうなんだけどせえ、オレも最初はなかなか毛バリ作れなんだよ。だけど、そのうちに、もう巧者《こうしゃ》がでちゃってさ（器用になっちゃって）、ちゃんと巻けるようになったんだわい。オレのハリはな、お粗末だけど、しっかり巻いてあるから、十四や二十四釣ったって、こわれないぜ。

だけど今の連中は、あれ、どういうこんだか、自分で巻かねえで、オレんとこへハリ欲しいって、めった来るだよ。「お前たち　ハリくれえ巻かなけりゃあ　イワナ釣りじゃないぞ」って言うだ。そうしりゃあ、「できねえから来るだ」ってこきゃがるだ。それだから、いつでもハリはね、四十本や五十本は巻いとくだ。来れば仕方ねえ、五本ばかり分けてやるだ。知ってるやつ来れば、やらんわけにいかんもの。山に来るお客さんでね、一本千円でもいいから譲ってくれって言う人あるよ。

黒部源流でイワナを釣る

毛バリ。
シッポのついたのが
曽根原さんの毛バリで、
右は鬼窪さんの毛バリ

だけど本当に、オレのハリなんてご粗末なもんだよ。しっかりは巻いてあるよ。それでオレはハリは大きいの使うよ、普通の人はこんな大きいハリで釣れるかって言うわ。〔イワナは〕あんなでかい口だから、どんなにハリ大きくたって釣れるわい。あの体でもって、イワナくらい大きい口はあるまい。だって黒部の源流のイワナはサンショーウオ、うんと呑んでるよ、そんなにでかいやつでもねえのにせえ。

黒部の怪

勝野（「カモシカ狩り・そもそもの初めから」の〝一匹前になってから〟参照）が中学一年くれえの時じゃねえかや、あれは。イワナ釣り一緒に行きてえって言うから、学校休みになったら山へえーべ（行くべえ）って、夏休みに米背負わして連れてったわい。十日くれえいたよ。烏帽子から行って三俣から一時間くらい降りたとこに小屋拵《こ》して、あっこに三日くれえいたかな。イワナは三俣の小屋のすぐ下からいるわい、標高は二千三百くらいだな。それから薬師の三角小屋へ行って何日かいたぞ。

その時にせえ、夜、勝野の野郎ションベンしに出て、おどけて戻ってきて、「どっかで　誰か呼ばわる」って言う。「そんなバカなことがあるか」って言ったんだが、オレも出てみたんだ。そうしたら、どっかで人の声が聞こえるんだわい、ガヤガヤガヤって声が、本当に。ガヤガヤガヤって言って、時々オーイ、オーイって。

さあ、こりゃあまあ、えれえこったなと思ったけど、やあ、またあれだろうと、オレは黒部の川っぱたではよく聞いてるけど、それでもいつでも、本当に誰か迷って来てね、呼んでるんじゃねえかとも思うんだわい。あれは一体どういうこんだか、ちっとも分からん。どうしてあんな声と音が聞こえるか、毎日、毎晩じゃないし、あれは不思議だった。

薬師の小屋は、だいたい薄っ気味悪いとこだわ。だけどオリャア平気だよ、オリャおっかねえなんて思ったことねえから。「まあ小屋へ入ってしばらく聞いてろ　めった呼ぶようならしょうがねえ　懐中電灯でも照らして見てみよう」ってわけだったんだが、そんなに長くは聞こえてなんだな。そんでまあ、その夜は寝てしまった。それから、勝野の野郎、おっかなくって、夜、一人ではションベンしに行かねえんだ。

それで、あくる日から一日半くれえ、ぶっ通し雨っ降りだったんだぜ。いも少しで小屋まで水が入ってきちまいそうになって、こりゃあまあ、入ってきちまったら、どうやりゃあいいか、それが心配で、寝ても寝入れるなんてもんじゃやなかったわい。それでも、どうにか雨がやんで、半日以上経ってから、野郎の手ひいて、なんとか川を渡ったぜ。渡って向こうっ側へ行かなけりゃ帰れねえんだわい。

そうして川っぷち歩き出したら、たまげたわい、川の端にイワナがゼンヅキで（頭を上流に向けて）薄濁りの中にずーっと、まっ黒になっているんだわい。水がふえて、うんと洗われたから、真ん中におられんもんで、背中の出るようなヘチ（へり）に寄っちゃったんだわい。それが常《つね》ね、そんなとこ、いくら釣っても魚が釣れなかったとこよ。それが常にいるようなとこは荒くなって流されて、そういうトロイ（流れのゆるい）とこに寄っちまったんだ。本当にまっ黒になっていたぜ、驚いたなあ、あれにゃあ。

イワナのハラワタの塩辛はうまい

もうだめだな、黒部も。昔の、オレラ行き始めた頃のように釣れればいいが、もうへえ誰様が行っても、昔みてえにたんとは釣れないよ。今は普通そこらから来て釣る衆は、二十四以上持ってくる衆はいないわ。もう十四も釣れば鬼の首抜いたような騒ぎして持ってくるわ。オレが行っても、いくらいい日だって、まず五十も釣りゃあ最高だろう。そんなものは、夏中に幾日《いくか》もねえわい。そういう本当にいい時ってのは、それは七月の二十日前でなきゃだめだわい。たんと釣れるのは七月の半ばだな、秋になって人が少なくなるからいいと思えば、秋はその割合に釣れない。

とにかく今は人ばかり多くてだめだ。昔はね、オレラが夏中黒部にいても、まず二人くらいにしか会わなんだもんだよ、釣り人に。最近では、毎日十人や十五人はあるで、魚釣るのが。だからだめ、ああ釣り人が大勢来て、とんで歩いてるから、日中は出ない。また素人はめった歩きゃあいいと思って、上下めった歩くの。それから登山者がうようよ来る時はだめ、やんない、オレは。魚はいても出ないだ、ガツガツガツガツ歩くから。お客さんが少なくなって十日ばかりすれば、釣れるようになるわ。まあ、お客さんのうんと来る前とそれ過ぎ（以降）だ。

だからオレは、今日はいいぞって日しか出ない。それで、オレは毎年三俣の小屋にいて、ずっとやってて場所知ってるから、一日やれば、まあ一ビクは釣ってくるけど、バイトの野郎どもが食いたくって食いたくって、もう釣ってきたら、その晩にみんな食っちまう。食うやつは六匹でも八匹でも食うんだから、飯の代わりに食うんだから。オレが怒るんだ、「お前ら　これだけ下界で食ってみろ　でかい金とられるだぞ　そんな痩せ坊主が時の膳についたみてえにガツガツガツ食って」って。オレがそう言やあ、野郎ども、「なに　坊さんがなんだって」、「なんだじゃねえや　バカ野郎ども　食うのはいいが　毎日楽しんで一匹二匹食っとれ」って。いくら釣ってきたって、大勢でいて、みんな食いてえだから困るだ。いくら釣ってきたって一晩でなくなっちまう。
まあ、魚も少なくなったけど、昔ほど大きいのもいなくなったわな、最近は。昔は大きいのがいたが、それでも尺五寸なんてイワナは、今までに数えるほどっか釣ってないぜ。だけどイワナは、あんまり大きいやつは、何にしてもうまくないよ、刺身にしても塩焼きにしても。尺四寸も五寸もの魚は、うまかろうと思って刺身にしても、うまくない。三十センチ前後だ、刺身なら。それから焼いて食うなら二十二、三センチがいいよ、でかいやつはだめだ。

それで、イワナのハラワタの塩辛はうまいぜ。だけど、あれは生き餌を食ってあるだろう、拵せえ方知ってなくちゃ、うまく出来ないな。虫の腐ったようなもの、そこらひっつけ散らかしたらいかんぜ。だからね、いちばんいいのは、ハラを出して、一晩おいて、あくる朝拵せえるだわ。そうしたらね、胃袋だの腸だのの中の虫だの、こなれた水みたいのが、食ったものが、胃液にからんでね、固まって、きれえにとれる。それがコツだわい。その日に出すと、こきたなくなっちゃって、もうだめだよ。一晩おくの、あくる朝、飯、火にかけといてやるの。ハラは早く、五分でも早く出しておいて、フキの葉っぱにでもくるんで、一晩外におくの、外で冷やしとくわけ。そうすれば細かになった虫のこなれたやつが、ちょびちょびひっつかない。

これはあんまり知ってる人いないぜ。オレはね、忙しくて、その日にやれなんで、あくる日の朝拵したんだよ、そうしたらうまく出来たんだ。だから塩辛拵せえる時はそうしたんだ。

イワナも場所によっていろいろだ

それでイワナってばせえ、オラ、三俣の小屋にいるで、高瀬の源流のモミ沢にも時たま行くもんで、両方の魚食ってるから分かるんだけどせえ、黒部の魚は脂があって肥えてるからうまいが、モミ沢の魚はあまりうまくないの、脂がない、痩せてる。あそこは、尾根一重でもって、なんでそんなに違うかと思うんだ。やっぱり、水の加減と餌かな。

黒部の魚があんなに太ってるってことは、餌が豊富なんだと思うな、餌がたんとなけりゃ太りえねえもの。水は、これ確実、モミ沢より冷たいぜ。水が冷たいとこの魚は、脂は多いと思うよ。だから黒部の魚はうまいんだと思うな、オレは。

モミ沢は湯俣《ゆまた》の源流だけど、湯俣は硫黄気が入るから、ぜんぜんイワナはいない。それで源流のモミ沢にだけイワナがいるんだけど、そのモミ沢もイワナの棲んでる範囲ってのは狭いんだよ、黒部は源流からずーっと下までいるけど。それでモミ沢は、どうしてだか、イワナが太れない。焼いてみて分かるんだ。焼いてみて、薄っぺらい、しなびちゃって、燻製にしたら細くなっちゃう。黒部のは焼いて燻製にしても、その割合に減らない、太ってるから。

あれはどういうこんだかね、やっぱり餌の関係かな。黒部は餌がたくさんあっても、イワナもたんといるだで、一匹あたりにしりゃ割当ては少ないと思うがな、いい餌が多いのかな。モミ沢は魚はたんといねえんだが、餌のいいのがいねえってことかな、それとも水の関係かな、それが分からねえんだわい。

それで、昔は、あそこらのイワナは、みんな朱《あか》い斑点があったが、今はモミ沢の魚は朱い斑点があるが、黒部の魚は、ないやつとあるやつが半々くらいだぜ。沢によって、朱い斑点のあるやつの多いとこと少ないとこがあるな。

それで小さな沢で、腹の黄色いやつばかりいるとこあるぜ。大きい沢にゃあんまりいねえ、腹の黄色いやつは、小さい沢だ。その沢には誰も行かねえだ。オレも一年に一回しか行かねえ。だいたい、その小さい沢で三十五から四十〔匹〕、それで十五センチくれえから二十二、三センチまでだ。

だいたいそこは半日かかるわ、ヤブもあるし、手間かかるだ。魚はいるんだぜ、だ

釣りの途中で登山者が写したという鬼窪さんの釣り姿

けど、あんな魚の速いとこはないわ。影を見て、だいぶ遠いから大丈夫と思ってもチャチャッと入っちまう。ヤブがかぶってるから、自由になんねえだ、下から行ったじゃみんな入っちまう。だからヤブ漕いで、横から行ってやらねえとな。それでもう二回目に行けば、いくらも釣れねえわ、十五釣れればいい方だ。

それだから一回しか行かねえ。まあ結局、一回で、そこの魚は、釣れるやつは釣っちゃうってわけだ、川が小さいから。だからまた来年行くだ、そうすりゃあ、また同しくらい釣れる。そうして、そこはね、下にちょっとした滝があるから、水でも出ないと、なかなか下から魚が上がってこないの。それで、その滝があるから、たいげえの人は、その上に行かないだ、魚はいないと思って。だけど、その滝は大したもんじゃねえぞ、ナメ滝（垂直に落下する滝ではなく、急傾斜した岩床の上を水が滑り落ちているところ）で。だから水がふえれば上がるんだ。普段は水が細いから、人はバカにして行かねえだ。そういうとこを知らなきゃあ、今はだめだ。

それで、小水のとこは早いよ、魚の出は。まあ、川によって魚の出は違うわな、篭川《かごがわ》の魚は速いぜ、高瀬は遅い。あれはね、水の流れの加減。水の流れの速いとこは、早くとび出して食わなきゃ流れちゃうから速い、チャチャッとくるよ。だからハリを見てて釣るなんてことは絶対できないよ。小水のとこは、オレは呼吸で上げちゃうんだ。まあ、流れの速いとこと、小水のとこがいちばん釣りにくいわ。

また大水《おおみず》の淀んでるところときたら、魚がずるくて、オレはやだ。下から魚がでかい口あいて悠々上がってくる、あんなものいやだ。まあいろんなとこ釣って歩いてみたが、小せえ川の、流れが速いとこがいちばん釣りにくいわ。

猟師

小物猟

今はテンとタヌキがふえちゃった

昔は、こんなとこ（広津）にテンなんて一匹もいなんだもんだよ、オレラ鉄砲うち始めた頃は。キツネやタヌキはいたけどテンはいなかった。大町へ博物館が出来て、そこでテンを飼って、それを逃がして、それがこっちの山へ来て繁殖したんだ。オレが鉄砲うち始めて七、八年はいなかったな。そのうちいくらかふえてきた。よそには、西山（北アルプス側の山。安曇野《あずみの》の西側の山を西山、東側の山を東山と呼ぶ）の方へ行けばいくらでもいたけど、こっち（東山）にはテンの足跡など、それこそなかった。イタチはたくさんいたけど、今は逆になった、テンがうんとふえちゃって、イタチとかモモッカ（ここではムササビとモモンガのこと）は少なくなった。

テンはね、もう、こすくって、とるの難しいから、とれる人がいないんだわい。昔のように何十匹もとる者はいない、オレくれえのもんだ。あれはね、とり方があるだよ、いろいろ。餌の使い方もあるわ。本当はね、餌を使わなんでとることを覚えなけりゃいけねえ、こすいやつがいるから。イタチはだいたい沢っぺりにいる。あいつは肉食だで、ドジョウとかそういうもの食べてるから。それで、イタチは水の中へむやみに潜ってって魚くわえる。オレはイタチはとったぜ、専門にとったことあるぜ。

タヌキはふえた。オレラがせえ、鉄砲ぶち始めた頃は、ここら（東山）、どこの谷にも一番《ひとつがい》くれえしかタヌキはいなんだもんだよ。ここんとこ十年ばかりで、たくさんふえた。終戦直後はせえ、よくネズミ退治にフラトールを使ったんだわ、それで死んだネズミを食べて、うんと減っちゃったわけだ。それでフラトールを売らなくなって、使わなくなったから、どんどんふえた。一時はうんとふえたが、今は、いるとこには、おそろしくいるらしいが、ここらには、あんまりいなくなった、オレ、とっちゃったから。

オレ、今は、猟期の間は、ここ（広津の小屋）へ来てワナ掛けたりしるけどせえ、オレいなけりゃあ、ここへ来て、掘って、縁の下へ巣作るぜ。最初ね、六月の初め頃かな、小屋に来て泊まったんだよ。そうしたらね、下でもってグズラグズラって鳴くんだな。何が鳴くのかと思って、オレ驚いたがな、朝になって床板はぐってみたら、猫っ仔くれえの仔ダヌキが四ついるんだもの。そういうことがあったよ。つまみ出して放してやったから、親が回収して、どっかで乳飲まして育てたろう。タヌキは五月に仔を産むだ。

それからオレが炭焼きしてる頃、この向こうの山にね、小屋拵《こ》しといたら、夏になったら、かならず縁の下に来て仔をはやす（産み育てる）のよ。五月、六月頃は、もう炭焼きやらんから、その小屋に行かんだろう、だから、秋、行ってみると、そこにみんな入ってて、バタバタ、バタバタと逃げ出すわい。本当にあの小屋はタヌキの巣だったわい。ちゃんとシバからゴミみてえものくわえてきて、ワンコ（椀。ここではお椀形の意）にして、巣作ってあったもの。

タヌキのウソ死に

タヌキはウソ死にしるだぜ。ハサミ（ジャンプトラップ。トラバサミとも言われ、鉄製でケモノが踏むと足を挟むような装置）にかかってるやつを、ちょっと叩いたりしりゃあ死んだふりするよ。しばらくそうしてて、また目をパチクリさせて動き出すよ。オラア若い頃、その手でね、タヌキに逃げられたり、テンに逃げられたりしたよ。頭叩いて、もう鼻血が出て動かなくなったから、こりゃあもういいやと思って、ハサミから外して、ちょいっと投げといて、帰りに持ってこうと思ったら、来てみたらいないんだよ。

ほんで、すぐそばの斜面の雪の上に足形が残って、血がポトンポトンと落ってて、もう逃げちゃったんだ。死んだふりしといて、オラがいなくなったもんで、チョコチ

広津の屋敷跡に建つ三角小屋。
鬼窪さんはここで冬はタヌキやテンをとって過ごすことが多い

朝方、ヤブから餌をあさりに出たタヌキ

ヨコ出かけたんだぜ。まあ、ウソ死にってより、死にが遅いんだな。ちっとやそっとじゃ生き返っちまうってことだ、あれは。強いもんだぜ、なかなか。いい加減に頭叩いて、これでいいやと思って背負ってると、しばらくするとガサガサ動き出す時あるよ。

それから、もっとひどいことあったよ。もう死んでるで、家へ持ってきて、ダンボール箱へ入れて、明日、剝製屋《はくせい》に持ってこうと思って、上がり口に置いたのよ。朝起きたら、なに、ダンボール箱食いちぎっちゃっていないのよ。ああ、ああ、もう、これにゃ参った。そうしたら、なんだ、家のさ、風呂焚くカマドの中へ野郎もぐり込んで、目、クリンクリンさしてるだや。まあ、タヌキにゃ参ったぜ、もう。

それから、まだあるぜ。一ぺんは剝製屋へせえ、山から帰りにタヌキとテンと持ってったのよ。そうしたら剝製屋が箱の中にタヌキとテンを一緒にぶち込んどいたら、夜中にタヌキのやつ、生きやがって、テンを食っちゃったんだぜ、半分。これにゃ剝製屋も驚いちゃって。えらいもんだぜ、そんな時でも一緒に入れてあったテンを食うんだから。もっとも、あいつは意地のきたねえ方で、なんでも食うからな。あれの口に余るもんねえんだから、なんでも食っちまう。

なんでもいいだ、もう口に入りさえしりゃあいいだ。あのくれえ、なんでも食べるやつはいねえな、カエルでも虫でもなんでも。だけど草は食わねえようだな。だけど、食うものなけりゃ食うかもしれねえな、あいつはいろんなもの食うから。ここら、畑へジャガイモでもサツマイモでも作るでしょう、それをタヌキが来て掘って食うんだぜ、ニンジンとかね。今（五月末）はね、ミミズを掘って食べる。オレの梅畑の土をね、もうみんな搔いてるわ、ミミズ探して。

あいつはノロマなようでいて、あれで木に登るぜ、まっすぐの木はだめだけどせ、ちょっと勾配してる木なら登るよ。あいつは足見たら犬と同じでしょう、爪からなにから、あれでいて登るんだからよ、たまげちまう、猫の爪みてえなら分かるけどせえ。秋遅くなって雪の降る頃になるとカキの木にも登るし、コガキ（シナノガキ。マメガキとも言う）の木にも登って食べるよ。オラ、そういうやつ、鉄砲で何匹もうったんだから、ウソじゃねえぜ。

奇態なことをするタヌキ

あいつは、おかしなことするだぜ、奇態なことするよ。なんであんなことするんだか分からねえが。一ぺんはね、九月の半ば過ぎ頃だよ、三俣の小屋で、オレと小林ってのが、夜、寝てたんだわ。そうしたらね、表の戸を叩くんだ。コンバンハ、コンバンハって戸を叩くんだ。「オイ　誰か　こんな時間に来たぞ　もう少し黙っててみよう」ってわけで黙ってたら、またコンバンハ、コンバンハって戸を叩く。それで、「オイ　行ってみろや　今頃お客さん来たぞ」って、行って戸を開けたら、誰もいやしねえんだよ。外へ出てみても、影も形も見えねえんだわい。

なんであんな戸を叩く音やコンバンハ、コンバンハって声がしたのか分からんのだよ。二人ともちゃんと聞こえたんだから。それがね、一週間くらい前に、上の山から病人が来て、二階で死んだんだわ。だから小林ってのが、このあいだ死んだのの幽霊じゃないかって言うんだ。

それからもう一ぺんは、こんだ何人もで、夜、遊びでバクチやってたのよ。そうしたらまたコンバンハ、コンバンハって戸を叩くのよ。若いのがお客さんだと思って、すぐ、ひょいひょいと、とんでったんだ。そうしたら誰もいねえの。「こりゃあ　オイ　このあいだと同じだぞ　死んだやつの幽霊が出たんだぞ」ってわけよ。

オレはね、「幽霊じゃないぞ　これはタヌキだぞ」と、そう言ったんだ。誰も信用しねえんだ。「タヌキがそんなことするか」って、「戸を叩いて　ちゃんと人間の声だったぞ　あれは幽霊だ」って。「いやいや　そうじゃない　タヌキってやつは　いろんな音を出すんだ　オレは何べんも聞いてんだ　二回や三回じゃねえわい」って。それでオレが昔、鉱山ボッカやってた頃の話、してやったの。

ボッカやって鉱山の小屋にいた時にせえ、米洗う音がしるんだ、外で。そのうちにノコギリで木切る音がしたよ。そうしたら、こんだ、何か包丁でもってトントントントンと切る音もした。「オイ　何だこりゃあ　オイ　こんな夜　雪の舞うような時こんな音しる　何だい　おかしいなあ」って言ったら、「なに　こんなものはタヌキだ　タヌキの仕業だ」なんて言って、みんな平気なんだ、誰も出てもみやしねえんだわい。

そうしてあくる朝、オレ外へ出て見たら、雪が降ってあって、その上にタヌキの足跡だったわい、やっぱし。そのタヌキはね、鉱山小屋のぐるわ（周り）を何べんか回ってんだ。オレだって、その頃はまだ若かったから、半信半疑だった、あのタヌキがそんなことしるかって。あれ、雪があったから、足跡残ってたからタヌキだって分かったの。それからもオレ何べんか、そういうことに出あったわい。だからその話したら、三俣でもみんな納得したみてえだったな。オレはあれはタヌキだと思うよ。

確かなことは分からんよ、オレがこの目で見たわけじゃないからね。だけどもこれだけは確かだよ、タヌキによって、背中のね、毛をこすってシャッシャッシャッシャッと音のするやつがある。これは皮を剝いで、今は自分でナメシまでするから分かるが、全部のタヌキじゃないよ。背中の真ん中の毛を、真ん中だよ、そこをサッサッとなでると音の出るやつがある。米洗う音とか小豆洗う音とか言うだろう、ああいう音がする。年とったタヌキだな、だいたい。

まあ、なにしろタヌキってやつは恰好に似合わず、利口っていうのか巧者（器用）っていうのか、いろんなことを真似しるんだな。こっちの八坂《やさか》ってとこのね、山でもタヌキが真似したんだ。毎晩、太鼓叩く音、ボボンボン、ボボンボンボンってね。それで下の集落の人がタヌキとっちまったら、もうぜんぜん太鼓叩く音しねえと。だけどせえ、あの三俣の人間の声は分からんよ。オラ、若え者には、そう言ったがせえ、本当のとこは分からん。オラ、この耳でちゃんと聞いたんだから。

まあタヌキが音出すってことは分かっただけどせえ、キツネがね、火を明かすってのは分からん。どうやって明かりを出すもんかってことが。ここでね、向こうの山で明かりをつけてね、行ったり来たり、行ったり来たり、それをやるのを、このムラの衆はみんな見てるだよ。キツネの仕業だってことは分かったんだけど、分からんのは、どうやって火を出すかってことだ。まあ分からんことがいっぱいあるだ、この自然界にはな。

オラ、子供の頃は、おっかなかったよ、狐火ってのは。昔はここらにもいたんだわ。

今は、この辺は足跡なんてないよ。だからオレ、キツネとるには西山へ行くだ。あっちには、たくさんいる。だけど、キツネなんてものは、たんと、とれるもんじゃあないぜ、たいてえ年に一匹か二匹よ。あれはこすいぜ、テンよりまだこすい。

それでキツネってやつは、細身だから、大きい割に目方ないだよ。あんなものは、骨と皮ばかりのようなもんだ。大きいったって四貫目くれえのもんじゃねえかやあ。ササグマ（アナグマ）の方が目方ある、重い。五、六貫あるぜ、大きいやつは。タヌキは普通で二貫目くれえだな、それでオスの方が大きい。キツネは違わねえようだな、あれで、やっぱりオスの方が大きいだかなあ、まあ、たいして変わらんわい。テンもオスの方が大きいな。だけど、イタチほどは違わねえ。イタチのメスってのは、小さいもんだぜ、あのくれえ、メス、オスで大きさに差のあるものはねえなあ、メスはオコジョくれえのもんだ。

オコジョはね、小さくてかわいいから、みんなとりたがるんだ。だからオレはみんなに言いきかせるんだ、「これは山の神だから　お前たち絶対とっちゃいかんぞ」と。歩いててオコジョ見るたびに言うんだ。昔から山の神だって言われたわけじゃないよ。まあ、オレくれえのもんだわ、山の神だで、とるなとか、かもうなとかって言うのは。オレは、あれは山の神だと思ってるよ、本当に。

あれはたんといないよ。いるとこも、だいたい決まってるな。ここらにゃいないぜ、高い山のガレ場の岩の間にいるんだ。ちっちゃいもんだ。夏はこぎたない色してるが、冬はまっ白できれえだ、耳の先と鼻だけ黒くって。数は少ねえし、悪さするわけじゃなし、あんなものとったって、食う足しになるわけじゃねえ。剝製にするくれえのもんだ。だからオレは絶対にとるなって言うんだ。

ササグマとテンとタヌキに食いつかれた話

ササグマは、昔はうんといたけど、今はあんまりいないぜ。今はタヌキがうんとふえちゃって、逆になっちゃったの。タヌキがあいつの穴に入って仔を食べちまうみてえだな。前は居《お》ったよ。大きいのが居ったよ、五、六貫のやつが。

それで、あいつは冬眠しるだ。タヌキもキツネもテンも冬眠しねえが、あいつはする。一ぺんね、十二月、雪がチロリときて、あいつが穴に入ったことが、足跡で確実に分かったもんで、一尺五寸くれえの棒をぎっしり穴に詰め込んで、出らんねえようにしといてよ、三月頃、暖かくなって出る頃になってよ、その棒をみんな抜いて、中へハサミを二つ仕掛けてさ、一週間ばかり置いて見に行ったら、中でハサミにかかっとったわい。

ハサミにかかったテンを吊るして眺める

だけど、かかったはいいが、えらいもんだわな、ひっぱって簡単に出るもんでないぜ、中で踏んばってて、それはなかなか出なかったぜ。何べん、ゆるめては、ぐっとひっぱり、ゆるめてはひっぱりやっても出なかったぜ。そのうちに野郎疲れたんだろうな、出てきたわい。出てきたはいいが、なに、いきなりオレのここ（太もも）にとびついて食いついたわ。やあ、おどけたよ、あれには。やあ気が強いわ、あいつは、ナマクラ犬はやられちゃうよ。

食《く》っつかれたってばせえ、ササグマだけじゃねえせやあ、テンにもタヌキにも食っつかれたぜ。テンは咬みついたら放さねえ。まだタヌキの方はね、一ぺん咬んだら放すけど、テンは放さねえ、あいつは、やな野郎だ。

オリャアね、テンに尻ぺた食いつかれた。オレもその頃はまだテンをたんととらねえ時でさあ、生きてるもんで、鎖（ハサミに付いている鎖）ひっ吊って見てたんだよ。そうしたら、パーッとオレの太ももの付け根、ケツのところへとびついて食っついたぜ。放さなかったぞ、ほんとに、どうやったって放さなかったよ。ちょっとまあ、オレも考えたわ、どうにもならんなあと思って。放そうと思ってひっぱれば余計痛えしな、しょうがねえから、腰ナタ抜いて、口の中へ入れてグイグイとくじいたよ、オレ。そうしたらやっと放したわ。それでもすぐには放さなかったよ。テンこそは食っついたら放さんぞ、あれはほんとに。

オレの知ってる人もやられたぜ。コガキの木の大きいのがあってのう、それに大きい洞があって、それへテンが入ってたんだな。野郎、手つっ込んでつかみ出すってんで、手つっ込んだら、咬みつかれて、ひっぱり出しても、まだ放さんで、野郎えらい目にあったってがな。腫れちゃって、病んで、お医者さんへ行ったたって言ったぜ。それでも野郎、よくもとるはとったな、えらい野郎だぜ。

それからタヌキの野郎。道の下にいけてある土管によ、どうもタヌキが入ってるようだから、ハサミ掛けたんだわい。そうしたらかかって、ひっぱり出そうと思ったら、野郎、中で踏んばっててよ、なかなか出ねえから、うんと力入れてひっぱったら出たわい。出たはいいが、あんまり勢いよくとび出したもんで、オレの手のとこに、とんで来ちゃってよ、ぶつかるやいなや、オレの手に、親指に食っついたわい。この爪、抜けちゃったんだよ。抜けちゃったけど、また出てきたんだ。まだ爪がおかしくなってるぜ。えらい目にあったな、あのタヌキにゃ。まあタヌキなんてもなあ、人間見たら、おっかながるもんだ。ところがそのタヌキは気の強いやつで、オレに食っついたからな。

カモシカにゃ角で突かれる、ササグマに食っつかれ、テンにやられ、タヌキにやられ、やられねえのはクマとキツネくれえのもんだ。クマはもう用心してかかるから、キツネなんてもんは、そんなにとれるもんじゃねえから、こすいし、たんといないしね。

だけどなあ、オレ、モモッカ手づかみにした時は食っつかれなかったぞ。みんな、よく食っつかれなかったなって言ったけどせ、穴もと（入り口）噛んであったから、いること分かってたから、木の洞に入ってたやつ、上がってってね、穴から手入れてグッとしゃっつかまえたんだよ。あれモサモサやってたら食っつかれたろう、拍子もよかったんだ。手つっ込んで、ここだろうと思ってグッとつかんだら、ちょうど頭だったんだわい。それつかんだから、すぐさまひっぱり出して、パタンパタンと木に叩きつけて殺したわい。あん時は勘がよかったんだな、ここだろうと思ってつかんだとこが頭だったから。

穴を掘ってとったタヌキとササグマ

それから、オレ、タヌキとササグマは、穴に入ってるやつ掘ってとったことあるよ。この向こうの竹ヤブでタヌキの穴めっけて、一人で半日掘ったことあるよ。野郎ね、カキの木の下へ来て、落ったカキを食って、何度か来て、足跡いっぺえあったから、足跡追ってったら、ヤブの土の中に小さな穴があって、そこへ入った跡があるで、それから、その上の家から鍬《くわ》借りてきて、掘って、半日かかった。竹の根があって、なかなか思うように掘れねえんだ。三メーターか五メーター掘ったわな、奥へ。

そうしたら少し毛が見えたで、さあ、いたと思って、鍬ぶん投げて、鉄砲持って、よく覗いてみたら、野郎、二つでもって、目をクリクリさしてるのが見えるだ。それで目のクリクリしたとこをバーンとうったら、二つとれたぜ。

ササグマもこの下で、穴掘ってとったことあるが、あれはいけねえわ、穴掘る商売人でもって、枝穴がいくつもあるだ。掘っても掘っても穴があってせ、やだくなるぜ。友達と二人でもって掘ったがよ、二人とも犬飼ってたから、二、三尺も掘って休むと、犬の野郎、鼻つっ込んでクヮックヮックヮックヮックヮッとやる。「オイ　こりゃいるぞ」ってもんで、またひとっきりやる、一尺か二尺掘れば、また犬ども来て、頭つっ込んで鳴いてさあ、そん時は掘ってったら、奥で岩になっちゃって、その先は鍬では掘れねえんだよ。

そうしたら、そのうちに、友達の犬とオレの犬とでもって、その岩のとこ掘り始めたわい。そうして穴大きくして中へ入ってったんだ。そいで中へ行ってね、ギャギャ

ギャギャギャギャッ……って咬み合いよ。それでもって二、三十分ばかり格闘して、まだササグマ死なねえのよ。二つの犬は鼻面咬まれただか、ひっ掻かれただか、もう血でまっ赤になってるだ。ササグマってやつは気が強《つえ》えんだわい、それで爪はクマと同じだ。

犬はひとっきり外へ出てきてせえ、休んでて、それからまた、二匹でもって穴に入り込んでって、またガガガガガ、バタバタバタバタやって、こんだ十五分くれえやったな。中、広かったんだ、二つで入ってって、三匹で咬み合いしたんだから。それでやっと咬み殺したんだわ。それでくえ出した（くわえ出した）わ。大きかったぜ、六貫目あったよ。いっそ鉄砲ぶち始めたばかりの頃だ、二年か三年目だ。

あのササグマはうまかった。あれは肉はうまいだ。やっこくてうまいけど、たんと食べちゃいかんぜ、腹こわす、脂が強いから。臭みはないんだ。

臭いのはテンとイタチだ。テンとイタチは食べる人あるけど、オレは、あれだけはやだ。キツネもやだ、食わない、あんな臭いもの。タヌキも食わない、今は食わない。昔は食べたことあるけどせ、タヌキもメスは、そんなに臭くないよ。まあ多少、臭みはあるよ、だけどやっこくてうまい。オスはだめだ、なんかションベン臭いわ、あれは。よく人がタヌキの肉は臭いって言うだろう、あれはオスの肉が臭いの。今はみんな人にくれるだ。

まあテンでもキツネでも、皮剝いだだけで、もうへえ、あの臭《にお》いで食う気なんてしないわい。イタチも、あれがいちばん臭い。最後っ屁って言うだろう、あれはだめだ、ハサミにかかると、あれをやるから、あれがみんな体中にひっついてるから臭い。臭いぞ、あれは。

まあ、ケダモノは、だいたい秋がうまいな、木の実でも草の実でも、秋はたんとあるから。ウサギも秋、十一月頃がいちばんうまい、木の実をたんと食べてるから。雪が降るとだめだね。年前《としまえ》（十二月頃まで）はいいや。うんと雪が来ちまうと、畑へ来て、豆のこぼれたやつとか、麦の落ち穂とかも食べられなくなるし、そうなれば木の皮きりだわ、だから脂はなくなるし、肉も固くなっちまう。

ケダモノにはダニ・シラミ・ノミがいる

まあ、オレも猟師だったから、いろんなものをとったが、ケダモノにはダニっていうかシラミっていうか、ノミっていうかなあ、ああいうものがいるぜ。モモッカなんて、オレはあんまりとらなかったが、鉄砲うち始めた頃は、ここらでよくとったけどせ、あれはだめだ、シラミだかノミだか赤いやつがいてな、刺して、痛痒《いたがい》くって、痛痒くって、もう、たまったもんじゃねえぞ、細長い赤いやつがたんといてなあ。最初は知らんもんで、とって喜んで背負ってきたら、さあ、えらいこった、ズボンの腰のとこから入り込まれちゃってサ、えらい目にあったぜ、あれにゃもう。

テンにはいないな、タヌキには少しいるぜ、リスにもいくらかいるな。だけど夏はテンだって、シラミくらいくっついてると思うよ。オレラがとるのは冬だから、寒くなるから、くっつかないでいるんだろう。タヌキだって、秋早くとりゃあ、ダニがちったあ、いる時あるぜ。暑いうちだけ、ああいうものはくっつくんだな。真冬になっちまえばいない。だけどモモッカは冬もいるぜ、毛は長いし、木の穴に入ってるから。

クマにはつかないな、クマにはほとんど何もつかない。皮が厚いから、くっついたって血も吸えないんだろう。カモシカはダニがつくな。サルには毛ジラミのようなものがいる、たんとはいないがね。ウサギはいる、ダニが。だけどあれはいいわ、どういうわけか、とって来ても、すぐ人間にはくっつかないから。

だからね、ケダモノとったからって、毛皮、気無しには（うっかり）体につけられんぜ、何がたかってるか分からんよ。ヤマドリだって、ダニっていうかシラミっていうか、細いものが居るぜ。若い頃、ヤマドリやキジ毎日とる頃、背負って歩いてさ、夜になると腰の周りが痒い痒い、まっ赤になってるよ。やっぱり痛痒いから。あんなものは、その頃毎年百以上とったんだから、大物やらないうちは。

ケダモノには、いろんなのがいるわ、あれ、ノミでもシラミでもダニでも、同しもんじゃねえなあ。そりゃあ同しものもいることあるよ。だけどウサギとモモッカじゃ違うよ。まあ、ケダモノにいるなあ当たり前だわな、昔は人間だって、ノミだのシラミだのって、いっぺえ、たかってたんだから。ケダモノにいねえ方が不思議だわい。

ハサミとワナ

タヌキはたいていハサミだ。どうしてもこすくってハサミじゃだめなやつはワナ（針金やワイヤーの先に輪を作り、ケモノが頭をつっ込んで動くと首が締まるように作った、もっともプリミティブな仕掛け）でとる。山のタヌキの通り道へ掛けるだ、餌なしで。餌を置くと、もうへえ、こすいやつは感づいて警戒しちゃってだめだ。意地がきたねえようでいて、あれでなかなかのもんだわい。だからうんとこすいのはワナでとる。

最初はそれ知らなかったけどせえ、覚えてからはそうしてとる。だけど、あれは歯がえらいよ、噛み切っちゃうよ、ワイヤーを。それこそ、ええ品物だあれは。二日も三日も置いたら、やられちまう、毎日見回ってなくちゃだめだ。ズクナシ（甲斐性なし、なまけ者）してちゃだめだ。

あいつはね、バカのようでいて利口だよ。ハサミにかかっても、あだける（暴れる）と痛いから、少しあだけて、もうだめなら諦めて、ちゃんと寝とるわい。テンの方は、あれはうんとあらびる（荒びる）よ、そこらかじったり、ひっ掻いたりしてるわ。まあ、たいてえのものは、あだけるわな。

キツネだ、あれはだめだ、あれはハサミ二つか三つ掛けなきゃだめだよ。一つだけではあだけて、あだけて、あの鉄のハサミ、ぶっこわして行っちゃうよ。オリャア、いくつも逃げられた。だからあいつとるにはハサミ三つくらい掛けちゃう。そうして足二本挟めばもう大丈夫だ、あれは。キツネはなかなかえらいわ、あれだけ大きいから。

それでキツネはこすい、こすいことにかけちゃテンよりまだ上手《うわて》だよ。キツネはこすいから、初めはハサミ掛けないで、ただ餌だけ置くんだわ。キツネの出るとこへ餌たくさん持ってっておいて、一日おきくれえに新しい餌を置くの。だけど初めは、なかなかつかないよ、警戒して。じきそばまで来たって食べないよ。ぐるわを回ってるっきり、足跡いっぺえついてる。あれ、食いたくってしょうがねえんだが、だけど野郎やっぱり警戒しちゃってつかねえんだな。だいたい十日くれえはだめだ。そのうち

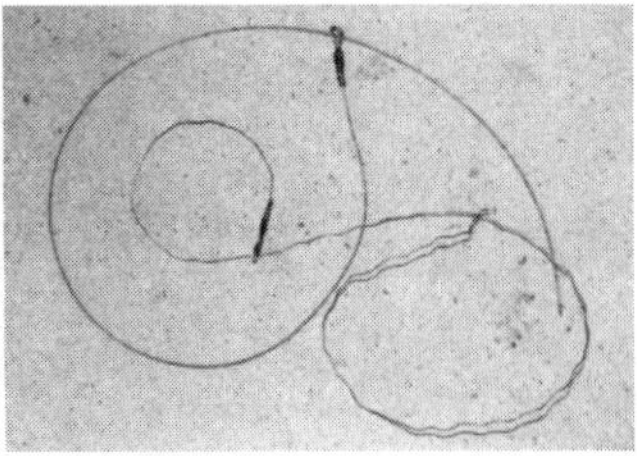

左の写真はハサミ。
上は仕掛ける時の状態で、楕円形に見える鉄の輪の中央にある円形の踏み板にケモノが足をのせると、下のように輪が閉じてケモノの足を強く挟む。鎖は固定用
右の写真はワナ。
大きい方はカモシカ、クマなどの大物用、小さい方はタヌキ、テンなどの小物用

ジゴク。
鬼窪さん手製の湖沼用

に餌についたら、しめたもんだ。ハサミ掛ければ絶対とれる。

ワナにかかったやつは、まだたいてえ生きてるで、棒か何かで頭をコキンとやれば、いい。タヌキは死んだふりしるで、そこについてて、目を少し動かしでもしたら、またうんと頭を叩かなきゃだめだぜ。テンはいいだ、あれは頭なんか叩かなくても、ハサミにかかったままね、川端の水のあるとこへ行って、水の中へつけるの。それがいちばんいいだ。あれは耳の中へ水が入ったら死んじまう。だから頭、水の中へつけりゃいい、あいつは水はだめだ。

イタチは水に潜るがな、テンは水の中は嫌いだわ。だから川渡らないで、かならず一本橋でも何でも渡る。だから、そこへワナ仕掛ければとれるよ。橋のないとこは、秋、流木でも、木を転ばしても、一本橋かけちゃって、それ渡しといて、真冬になってからに、そこへワナ掛ける、ハサミじゃないよ。それでもって、かかれば、野郎、あだけて橋から落ちて、宙ぶらりんになって、いくらガヤガヤやっても逃げられねえ。それでも、あれはえらいよ、死んではいないよ。宙ぶらりんのまま、首吊りみてえになっても生きとるで、なかなか死なないだ。

いちばんいいのは、心臓を踏んづけるんだわ。踏んでるんだ、五分か十分。そうしりゃあ間違いなく死ぬ。キツネは大きいから、なかなか死なないから、もうへえ、頭、コキンだ。あれは、キツネは割合に死にがいいんだ、棒で頭をコキンと強くやれば、だいたい死ぬ。

タヌキも用心深いが、テンとかキツネほどじゃねえけどせえ、あれだってハサミなんかはせえ、一度かかったやつは、どうしても血がつくとか、ションベンかかるとかするでしょう。そのままにしとくと、やつら、臭いとるから（臭いに気づくから）、寄りつかないから、流れ川へ、水の中へ、ワナを二日でも三日でもつけとくの。それであと、タワシでしっかり洗えば、もう大丈夫だ。まあこれはタヌキに限ったことじゃないわい、何とるにも、それやるだ。

まあ、ハサミ掛ける時の餌は、オレは魚だ。この向こうに小さなダムがあるから、そこへジゴク（笯《ど》のこと、方言は無数にある。竹、木、金網などで作り、形状も多様）掛けとくの。コイとかフナとかとって、それぶった切って使うだ。まあ餌なんて何でもいいわい、ウサギのハラワタでもニワトリのハラワタでも。

テンとかキツネはね、ネズミがいちばんいいや。ネズミをさあ、カゴで、ほら、ネズミとりってのがあるだろう、あれでとって、冬になれば畑にいたのが、みんな家に入ってくるから、すぐ殺して、ビニールの袋へでも入れといて、それを餌にするだわい。二つに叩き切って、それで、ワナ掛けるすぐそばの石の上でもって叩き潰せば、それがクシャクシャになって、うんと臭うから、そうするといいだ。まあネズミが餌では最高だ。

テンは足先を食い切って逃げる

それから、テンはね、コガキ、カキ、コナシ（ズミ。コリンゴとも言う）、そういう木に登って実を食べるから、その根元に掛ける。それからシラクチ（サルナシ。コクワの呼称が一般的）、マタタビね、それもいい。それで、そういうものの根元でも、ハサミを掛ける場所があるだわい。テンてものはね、そういう木に登る時に、根元の、ちょっと小高いとこを踏んでとびつくの。だから根元へ、ちょっとした厚みのある石を置いて、その上へハサミ掛けるだ、オレは。それへシバッ葉でもちょっとかけとく。

オレはそういう掛け方するけど、猟師によって違うよ、いろいろだ。それから餌使わなんで、通り道にばかり掛ける人もあるし、餌っきり使わない人もあるよ。オレは両方だ。雪が降るようになると、オレは杉林に掛けるだ。

あいつはポーンポーンポーンって、とんで歩くだろう。その足跡見つけたら、よく踏むとこへ掛ける。それも下《くだ》り目でなくて、少し上《あが》り目でとぶとこへ掛けんとだめだよ。あいつは、かならず通るってとこがあるから、そういうとこ見つけて、その上り目にとぶとこへ掛ければ、もう確かにとれる。ちょっと段になったとこはね、そこへポーンと乗るには、うんと力が入るでしょう、そういう段になったとこの下、踏み切るとこだ。

それで、テンでもタヌキでも、雪がね、チョビチョビチョビチョビ降る方がいいの。ドカッと降って、もう、はるか（長い間）降らなかったらだめよ。それはね、日が当たったりしたら、足跡消えちまうの。チョビチョビ降れば、足跡がずっと新しくつくからいいだ。それでね、明日、雪でも雨でも降るってような晩には、よくかかるの、餌探して歩くから。あいつら知ってるんだ、明日雪が降って、餌探しができないぞってことね。だから明日は天気が変わるって日の夕方掛けるのがいいんだ。

それでね、テンはね、ハサミ掛けたらば、少なくも一日おきには絶対見て回んなくちゃだめだよ。あいつは、浅がかりだったら〔足の〕先を自分で食い切って逃げるぜ。そういうやつがいるんだ、えらいぜ。ハサミで叩かれて挟まってるから、血が通わなんで、神経もバカになっちゃってるから、先の方を噛み切って逃げるわけだ。オレだって一冬に三匹や四匹は逃げられたよ。だから、指先のないテンをとることがあるの。どうかするとね、足首から先がないことあるよ。あれはハサミが深くかかってね、それを長いこと見に行かなんでいて、足首が腐れてとれたんだな。だからオレは近場は毎日だよ、夜が明けたら、飯前に見回りしてくる。まあ、二時間もかかれば帰ってこられるから、近場は。

ハサミとワナは合わせて、四、五十だな、掛けたのは、多い時で。そのくらいのものは、掛けるにゃ一日じゃ掛からんよ、二日かかるよ。それで毎年やってて、掛ける場所分かってなけりゃだめだよ。とれる場所ってのは、そんなにないんだから、どこへ掛けたって、とれるってもんじゃないからね。それで、それだけ掛けてもせえ、テンなんてものは、そんなにとれるもんじゃねえぜ。

サルはやっぱりほかのケダモノとちょっと違う

サルはせえ、寝る時、冬の寒い間は、雪のない岩の下にかたまって、重なりあって寝てるぜ。オラ、そういうとこ、何カ所か見たよ。場所は、あんまりいいとこではないな、だけどそんなに高いとこではないぜ、千メーターか千五百メーターだな。オレの仲間でもさ、サルが同じ岩の下に重なって寝てるなんて知ってる者はいないわい。オレは寝てるとこへ、上からまともに降りてって、バタバタバタバタバタッととび出すとこ見てんだ。

普通はみんな木の枝にでも、とまって寝てると思ってるよ。あれは木の枝にばっかり寝るとも、岩の下にばっかり寝るとも決まらないんだな。木の枝にとまったとこなんて、フンがバタバタバタバタバタ落ってるよ。木の下に、おっそろしくあるよ。岩の下に寝てるとこはさ、人間と同じこんで、岩の下からちょっと出たとこで、みんなやってあるわい、自分たちの寝てる岩の下ではやらんで。

だから、そういうとこへ行くと、臭い臭い。臭いぜ、だいぶ上でも臭うわ。木の上なんてのは一晩しか寝ないけど、岩の下にはだいぶ寝てるんだな、岩の下もすれてるよ、寝ぐらだな。そこのサルは、冬はほとんど、その岩の下で寝るな。雪はかからんし、風は来ないしせ、みんなで重なりあって寝れば温かいしせ。どうもそこのやつは、その岩の下っきりだな、オレはそう思うな。

タヌキもフンするとこ決まってるよ。ちゃんとコースでもってね、いつもたれるとこ決まってるよ。そういうとこには山ほどあるよ、ドンチ（ウンチ）。だけどサルは岩の下にしないってだけで、一カ所にしるってわけじゃないわ。ちょっと離れたとこにバラバラたれてるわ、だから、そこらドンチだらけだ。

それからね、サルの出るとこへ行って仕事してると面白いから。いろんなことやるから、人間のやることとみんなやるから、なんでも。測量してればせえ、なから（だいたい）、そんな恰好してみせるぜ。木担《かつ》いでれば、棒切れ持ってきてせえ、その恰好やるぜ。面白いって、本当にサル真似だわい。とにかく、サルは、あいつは人間に近いだけあってせえ、やること、ほかのケダモノとは違うぜ。

それでせえ、オレ、山から来て、湯俣の野天風呂に入ってたのよ。そうしたらサルのやつ来て、みんな風呂に入るんだぜやあ。オレはサルのやつ来たけど、オレ入ってるのに来やしねえと思って入ってたんだわい。首だけ出して入ってたらせえ、みんな来て悠々と入るんだから。オレも裸だし、何も持ってねえし、こりゃあ、まあと思って、慌ててパッと立ったら、野郎どもパタパタパタパタパタッと二、三十メーターは逃げたわな。それで、そこでちょっと様子見てて、そのうちに何か草掘ったりして食ってるだよ。あいつら利口だで、オレが何も持ってねえんで、それ以上は逃げねえんだ。鉄砲でも持ってたら、それこそパッパパッパパッだ。

サルはね、鉄砲と鎌の光るの持ってたら、もう逃げちゃうよ。鉄砲だけじゃないの、光るもの持ってたら、鎌の光るの振り回したら、バラバラッとみんな逃げちゃう。すっとんで逃げるわい。だからサルうつ時は光るもの持ってたらだめ。鉄砲むき出しで持ってちゃだめだよ。サックへ入れとくの、それで、いよいよって時に、パッとサック抜いてパーンとやる。だから、それ知らんもんにはサルはうてないよ、鉄砲むき出しで持って歩くから。

一昨年《おっとし》だ、サル飼ってるのが逃げ出してね、悪さするから誰がとってもいいってことで、猟友会で許可をとって、五人も六人もで、鉄砲むき出しで背負って、木の頭にサルが見えたからって行ったもんだ。なあに、そばへ行くまでに、どっかへとんで行かれて、十日も追って、とれなかったわい。あいつは利口だし、目はいいの。

まあサルは利口だっていうが、鉄砲、サックへ入れてけば逃げないんだから、そこまでの知恵はねえんだな。だけど、杖ついて山へ行って、杖で鉄砲うつ真似しても逃げないからな、平気で見てるよ、なかなか利口なもんだ。

それでサル狩りに行ってもね、マチ切って（撃ち手を置いて）追い上げる時、追われてきたサルの群れの先頭をぶったらだめだよ。先頭の二、三頭はぶたなんで通り抜けさせなきゃ。そうして先頭が行ったら、こんだ後のやつはいくらぶっても大丈夫だ。先頭が行ったから、後ついて行こうと思って、めった来るわい。

サルってなあ、利口のようでアホなもんだぜ。木の上にいて下っきり見てないんだわい。上を見るってことしないんだな。下を横切って行くのを上にいて、上でいくら鉄砲ぶったって、上見ないぜ、トットットットッとめった続いてくよ。だから小さいのはどんどん通してやって、大きなやつが来たらボーン。また小さいのが来たらぶたなんで、大きなやつが来たらボーンとやる。めった来るから、利口のようでも、そこがバカだわい。

先頭の二、三頭を見逃がさなんで、そいつをうったら、後のやつは途中でもってみんな横へ外れちゃう。そうなったら来ない、絶対来ないよ。なかなか、さんざんやった者でないと分からん、このことは。

サルの肉はうまい　頭の黒焼きは女の血の道の薬

サルもオスになるとでかいわ、六、七貫ある、ボスは。ボスは大きい。それで、毛の色は何種類かあるよ。赤っぽいやつから、黄色っぽいやつ、ちょっとネズミっぽいやつ、いろいろだわい。

それでサルも秋のやつはうまいぜ、秋のサルの肉は脂があって、やっこくてうまい、最高だ。木の実とか草の実とかが熟《う》むから、それ食べるから。今はサルがふえちゃって、ヤマブドーなんか、みんなサルに食べられちゃう。ああ、ああ、もうへえ、ヤマブドーが熟んでる頃だと思って山へ行ってみても、やつらにみんな食べられちゃって。

それでドングリなんかは、下へ落ったの拾って食うだ。木に登って食うこともあるが、下の方がよけいだ。木に登ってゆすぶってるわいボスは。それでボロボロ落ったのを、みんな拾って食べるだわい。それでもって、あいつは皮をむいて食うんだから、上手なもんだぜ。だから下に落ってるやつを夢中になって食ってる時に狙うとうちやすいんだわ。それで、そういうやつは、うまいんだ。

あれは、サルってものは、脂ののりきってるのは顔がうんと赤いの、のりきってないやつはちょっと青白いよ。だから食べるだったら顔のまっ赤なやつうたなきゃだめ。今（五月）は、いちばんまずい時だよ。春先から夏のやつはだめ。昔は、サル食ったもんだけどせえ、今はサル食べる人いないわ。みんなやだがる、人間に似てるから気持ち悪いって。そんなもんで、今は害獣駆除ってことで、サルがふえちゃって、いたずらして困るもんで、毎年四、五十頭、猟友会でとるけどせえ、みんな石油ぶっかけて焼いて、いけちゃうだ。

サルは頭だけだな、あれの黒焼き、女の血の道の薬。ほかにはへえ、なんにもないな。頭を蒸し焼きにしるだ。それにはせえ、サルの首をちょん切ってな、もう毛も皮もついたまま、そのまま素焼きのかめに入れてな、蓋をして、細いワラ縄でしっかり十文字かけてグルグルに縛っちゃうんだ。それに粘土を一寸以上塗ってね、それでモミヌカ（モミガラ）、大きなボテに、ボテってのはクワの葉を背負う、あの大きな竹カゴよ、あれに三杯くれえあればいいな、それをかめの上にかぶして、そのサルの頭の入ったかめの際《きわ》に火つけて、そのモミヌカ全部燃えちまうまで、そのままにしとくの。

あれはボーボー燃えるわけじゃないからな、まあ、まる一昼夜だな、一昼夜か、一昼夜ちょい燃えてないと、ちゃんと焼けない。それをそのまま灰の中に、また一昼夜くらい置くの、かまっちゃいかんぜ。それから掻き出してな、かめがすっかり冷めちまうまでおいて、焼けた粘土をとって、サルの頭を出して、もう中までまっ黒に焼けてるから、下にトタンかなんか敷いてよ、その上で堅い木でもって、すっかり潰すだ、粉にしるだ。それを容れ物に入れといて、欲しいって人に売ってやるだわい。

それで、それを飲む人はせえ、一日三回なら大きい耳掻きに一杯くらいだよ、続けて飲まなくちゃいかんぜ、そうしりゃあ効き目があるって話だ。

クマ

オレはクマがカモシカ追いかけて食うのを見た

クマも十五歳過ぎてくると大きいよ。まあだいたいクマの寿命は二十歳ぐれえだと思うよ。二十歳前後で死ぬようだな。まあ年は奥歯を見れば分かるわさ。もう十七、八くれえからのクマは、奥歯が一本あるかないかだわ。生き物はみんなそうだ、人間だって犬だって。

まあクマも四十貫超えるようなやつは、毛の色はよくないぜ。年とってるから、ちょっと茶っぽくて、黒光りしとらんぜ。やっぱり盛りのやつは毛もいいし、黒光りしてるわい。それから、毛の長いやつと短いやつがあるな。毛のうんと長いのは少ないよ。オレは今まで、本当に毛の長いってのは六、七頭っかとってないよ。それもメスが多かったな。あれは年齢ではなく、そういう性質《たち》だな、十センチ近いようなのがあるぜ。冬は夏より毛は長くなるし、綿毛もふえるが、そういうのとも違うんだわい。

それから月の輪のないのもあるよ。まっ黒なやつがいるの、たまに。それは本当に少ないぜ。それから月の輪が大きくてはっきりしてるのと、小さくてはっきりしてないのもある。いろいろだ。あれはどういうことで、ああいうふうになるもんか分からん。

クマの発情期はね、オレは八月の中旬から九月の初め頃までだと思うな。オスもメスも寄ってる頃がその頃だから。まあ、オレの知ってる限りでは、クマの交尾を見たって人はいないから、はっきりしたことは言えないがな。仔を産むのは間違いなく二月だ。

クマはね、秋遅くから春先まではうまいよ。カモシカよりうまい。夏はだめだな、夏のクマは、肉はまずいし、毛皮も、青っ皮って言って、皮の裏が少し青っぽいだ。それで毛は短いし、あんなものはとるもんじゃない。

それで、あんなものは何でも食うんだな。秋はまあ、木の実がなるから、ナラの実、ブナの実、あれをたんと食べてる。それからヤマブドーも好きだわい。木の実、草の実は好きだ。そういうもののない時は、もう何でも食うわ。木の芽、草、虫、アリでもハチでも、ヘビも食うわ、カエルも。ハチをいちばんやるのは八月だぜ、ハチとかアリの巣を掘るの。それから春先なんかは、よくナダレで、カモシカとかタヌキとか、いろいろケダモノがやられるでしょう。その死んどるの食べるぜ。

オレはね、一ぺん、クマがカモシカ追いかけて食べるとこ見たよ。篭川の扇沢へ山菜とりに行った時よ。山の斜面を上から追い落としてきたんだ。クマはウワー、ワッワッワッワッと追いかけてきたよ。オレから十間ばかり下のとこへ、谷へ、ダーッとカモシカ降りてきたわい。それで下へ逃げて、その後、すぐクマが追って。あれ、カモシカ上に逃げれば、つかまらなかったな。クマは下りは速いぜ、急な斜面なんか、もう、大きな岩が転げ落ってくるみてえもんだ、速い。登りはそれほどじゃないな、カモシカの方が速い、身が軽いから。

それで、オレ、見てえもんで、すぐ山菜おっぽり出して、トットッと後追ったわい。それで下へ、そうだなあ、二百メーターか三百メーター行ったかな、そうしたらそこで沢がカーブになっていて、そのカーブの五、六十メーター先で、もうクマはカモシカ食ってたよ。驚いたよ、クマが生きてるカモシカ追いからかして(追いつめて)、殺して食ってるんだから。

オレは、それで、しばらく隠れて見てた。二十貫くれえのクマだったな、カモシカの横腹、穴あけて、ハラ食ってたぜ。どうして殺したもんか、咬み殺したもんか、叩いて殺したもんか、クマはね、前足でやるんだ、あれは、えらいもんだぜ。あれでやられたら、もう人間なんか一発だ、まともにやられたら、へえ、首っ骨なんか折れちゃうから。そのカモシカ殺すとこ見たかったわい。

あれ、カメラ持ってて撮ったら、大したもんだったわい。クマがカモシカ追いかけて食ったの見た者は、オラ方でオレっきりだ。オラ、その食い残し、足四本持ってきたわい。ナダレでやられたやつ、カモシカでもウサギでも食べてるのは、オレ何べんも見てるし、ほかの衆も見てるよ。だけど、生きてるやつを追いからかして食ったのは、ほかにオレの知ってる猟師で見た者はないぜ。「そんなバカなことがあるか」なんて、オレが話したらみんな言うぜ。「バカ言っちゃいけねえ　オレがちゃんとこの目で見たんだから」って。オレは本当にいいとこ見たわ、あれは本当に一生に一度だと思うよ。

ここらのクマ狩りは東北あたりとちょっと違う

東北あたりでクマ追ってるとこ、テレビで見るけども、ここらの山より山がいいわ。岩巣山《いわすやま》（峻《けわ》しい岩山）、岩《がん》ピン山は少ない。オレラのとこは岩ピンがいっぺえあるだから、簡単にゃ歩けねえとこばっかだよ。岩場のね、峻しいとこを岩《いわ》ビンカ、オレラはガンピンって言うだ。それでナダレの巣みてえなとこばかりだし、北アルプスでは出グマ（ここでは春になって冬眠の穴から出たばかりのクマを狩ることだが、単にそのクマを指して言う場合もある）はできないよ。オレラもマムシ平あたりなら、まだ木を伐らないうちは、マチかけて（追われてくるクマを撃つ者を置いて）、勢子《せこ》（追い手）を使って大勢で追ってとったよ。

だから、こっちは、クマは秋グマが主《おも》、春グマ（出グマに同じ）はあんまりやらない。白馬の方の衆はやるけど、あっちは雪がたくさんあるから、秋グマもマチかけて、タツマ張って（マチかけてと同じ意味の異なった言葉の繰り返しで、タツマとは撃ち手のいるところ）マクルだ、五、六人で。オレラは、秋早いうちはね、一人二人で、夜、夜中でも山へ入っちゃってさ、それでとったんだわい。木の実へつくとかしてるやつを狙うわけよ、ナラ実やブナ実につくやつよ。それから、雪のまだたんと降らねえうち、足跡つけてってとるだわい。それから、これは春でも秋でも、山歩いて見つけてとる、そんなもんだわい。だからクマはたんととってないよ、百三十くれえだな。それで、いちばんとったのは一年に八つか九つだ。

クマの鼻はえらいもんだぜ、まあ人間の千倍、いやあ、それ以上強いとオレは思うよ。あれは犬といい勝負だ、いくらも違わない、だいたい同しくらいかも知れんわ。あいつが、鼻上げて嗅ぎだしたら、高っ鼻始めたら、こうね、鼻を上げて風に乗ってくる臭い嗅ぐの、ここらでは高っ鼻って言うだわい、それ二、三べんやればもうだめだよ、グッグッグッグッ行っちゃうぜ。あれはね、最初、鼻上げて横に振ってるうちはいいよ、上下やったらもうだめだよ。そうなったら遠くてもなんでも、すぐぶっちゃわなきゃいかんのだ。もう首振りだしたらぶたなきゃだめだな。あれは臭いが行ったから、どっちから来たかと思って振るんだからね。

だからさ、クマを狙うには、下から風が行くから、下から行ったんでは絶対ぶてねえんだ。相当遠くからでも臭いとって逃げちゃう。だからクマ見つけたら、どうしても、すじかい（斜め）上から行かなくちゃ、まあ真上でもいい、それでなけりゃクマはうてんよ。

それでも、どうかすると、とぼけたやつが木へ上がってて、下から行っても知らんで餌食ってるのがいるよ、たまに。ドングリについてる時は、いちばん夢中になって食ってる。それでも音はさしちゃあいかんわ。音がすれば逃げる、あいつは耳も利くから。だから昔の人は、みんな五十メーターくらいのとこへ行ったら、もう裸足になってね、忍んで行って、足元に木の枯れたやつでも落ちてれば、すぐどかして、踏まないようにして近づいたもんだ。オリャアまだそんなことして、ぶったことはないけども。

あいつは目はだめ。目は十メーターか二十メーターくれえしか見えんな。あんな小指の先くれえの目だ、あれは目は利かないと思う、オレは。耳と鼻っきりだな。

それでクマってやつは、自分の寝る際《きわ》へ行くと、先へ行っといて、ちょっと戻って、それでちょっと横へ入って寝るよ。それ、ケエリ足（返り足）って言うだ。全部のクマじゃあねえが、やるやつがいる。ウサギは全部やるわ、やるけど、あいつはバカだで、めった（めったやたらに）足跡つけるから、すぐ見つかっちゃう。もうそれやったらウサギは近所に寝とる。これは十四が十四やるわ。

イノシシだってもケエリ足使うよ。オレ、静岡まで行って、下宿してイノシシ狩りもやったから分かるが、行ったり来たりした足形があれば、かならず近くに寝とる。だけど、クマみてえ巧者なことはできねえんだわい。クマは、雪のある時なんか、ちゃんと自分が来た足跡、後向きに踏んでるぜ、あれは大したもんだわい。

だけど、へえもうクマも昔のようにはとれないな、もう、ここんとこ二年ばかりはとれねえ。大勢でやって、うつはうっても当たらなんで逃げられちゃうしさ、かえって、あんなもの、昔のように一人か二人で忍んだ方がとれるぜ。だからオレはへえ、今年は一人で狙いでやろうと思ってる。今の慣れねえ衆は大勢でやって、そこらマクリちらかして（追いちらして）、空鉄砲めったうったりするからだめだ。みんな逃げられちゃう。

もう、へえ、クマも数いなくなったんだ。今、なかなか姿見られないわい。前は、オレラ鉱山ボッカしてる頃、戦争中だわい、もう多い時には日に二、三頭見たよ、ボッカして稜線歩いてる時に、下に。その頃はまだ大きいのいたわな。

初めて自分でクマをうった時

オリャア初めて東谷と棒小屋〔沢〕へ倉繁（倉繁勝太郎・「カモシカ狩り・そもそもの初めから」の〝初めは肉食いたくてやった〟参照）に連れてってもらった時のことはよく覚えてるぜ。あれは春先だったたな。棒小屋で小屋拵《こ》しててよ、あくる日、東谷へ行って、木転ばして小屋拵してたら、もう向こう側へクマが出てくるんだよ。東谷はクマのたんといるとこだ。オラ、あんなにクマのいるとことは思わなんで行ったなあ。

倉繁は、「おうおう　来た来た　よし　オレ行ってうってくるぞ　オマン　小屋拵しとれ」なんて言って行ったが、木の下《もと》に寝てるクマを真下から行ったから、臭いが行って、すぐ逃げられちゃった。オレはまだ慣れてねえ、クマなんて自分でぶったことねえから見てたが。帰ってきたから、「どうした　早くぶたねえから　みろ　逃げちゃった」って言ったら、「うん　オレにゃ場所が悪くてよく見えなかっただ」なんて。

それから二時間くれえしたら、もうへえ、そのクマの来たコースをさ、こんだカモシカが出てきたんだわ。そうしてクマの寝てた近所へ来て、草食ってんだよ。「よし　こんだオラがうつからな」って言って、とんでってオラぅったよ、五十メーターくれえしかなかったな。ぅったところが、落ってこねえんだな。「こんなとこで　オレの鉄砲が当たらねえってことはねえが」と思ったが、そうしたら倉繁が、「向こうの方へ　横へとんでったあぞ」「そうか　オレもぶっぱずしたわな」ってわけだ。

それで、その日は小屋掛けで終えて、「明日はどうするだ　どうぃぅ作戦にするだ」「うん　明日はな　オマン　前の沢へ入れ　オレはその奥の沢へ入る」ってわけよ。そうして、朝、倉繁は奥の沢へ行くさい、オラアその下の、オレがぶっぱぐった(うち損なった)カモシカのとんでった方の沢へ行ったんだ。そうしたら、なーに、タマ、当たっとったんだわい。その沢にカモシカ死んでたわい。それ背負ってきて、一人で解体してたら、倉繁ゴソゴソ帰ってきて、「そのカモシカ　どうしたんだ」「どうしたんだって　これ見ろ　きのうのカモシカだ　拾ってきたぞ　タマ当たっとったぞ」「そうかい　そうかい　オマン　うまくやったなあ　おうおう　儲けたなあ」って喜んで。

そんであくる日も、二人で分かれて、いっそ（まったく）違う方の沢へ行ったが、その日はクマもカモシカも見えなかったわい。「さあ　こりゃあだめだ　オイ　何も見えないぞ　こりゃあ　ここにはもうおらんぞ」ってわけさ。そうしたら「明日は家へいぬるか　棒小屋へ行ってやるか」ってわけで、きのうとったカモシカをしっかり茹《う》でて、干して、「もしとれなかったら　これ食べよう」ってことで、朝、荷物背負って出たんだよ。

そうしたら三百メーターも行かないうちに、反対側（谷の向こう側）に、こんだ、でっかいクマが出てるんだ。そうしたら、また、倉繁が、「おうおう　大きいクマだオマン　見とれ　オレが行って　こんだ　うってみせるから」って言って、また下から行ったんだ。そうしたら、また臭いとられちゃって、クマはトットットットッと走っちゃった。昨日《きんな》、やり損なって、またどうして同じ二の舞踏むかなと思って、オラだってクマうちは初めてだったけどせえ、鉄砲はもう何年もやって、カモシカはもう何頭もとってるから、そのけえのことは分かるせや。呆れて見とったわい。「あんな草付きに出てるやつ　木の中忍んでって　上からぶちゃあ　とれるのに　こりゃへえ　倉繁とじゃクマはとれん　もうクマうちゃあだめだ」と、そん時思ったわい。あ

終戦直後——近くの山に出た仔連れのクマを大勢でとった時。
右端に座って銃をかかえているのが、
鬼窪さんが若い頃一緒に猟をした倉繁さん。
鬼窪さんは中央の親グマの左に立っている（写真＝伊藤正一）

ゴトーンと
転げたクマ

のクマとったら大きいもんだったぜ。

　それで、その日棒小屋へ行ってな、泊まって、それから棒小屋で二、三日やろうってことで、あくる日、下へ下がってみたんだわい。そうしたらまたクマが出てるんだわい。向こうの草付きで寝てるだ。岩の上で日向ぼっこして。それで二人でもって、こんだクマのいたよかも上の方の沢を回って、あの青木（この場合ツガやゴヨウマツなどの常緑の針葉樹）の横の辺りにいたったと思って、その木のとこまで行って、そーっと覗いてみたら、まだ寝とるわけよ。

「オイ　こんだオレがうつぞ」って、オレ一発ぶっぱなしたら、肩のあたりをかすったんだ、タマが。そうしたら、まともにとんで来たよ、こっちへ。さあ、忙しいや、村田銃だろう、あれは、いちいちケース（薬莢《やくきょう》）抜かなきゃいけねえんだ。それでも、まだケースは楽に出る鉄砲だったから、すぐ前どへ来るまでに二発うったよ、オレ。それで倉繁もすぐオレの後に来てたからね、一発か二発うった。ところが当たんねえだ。それでもう三メーターぐれえのとこだったな、オレ、筒だめ（至近距離や危急の場合に正確な狙いをつけずに、ただ銃口を目標に向けてうつこと）でぶったわい、そうしたらゴトーンと転げた。

　クマってのは、そういう時は青木のあるとこへとんで来るな、隠れるつもりかなんか。そのとんで来るとこに、こっちはいたんだわ。そこに大きな青木が二本も三本もあって、オレラは、その木のとこに行って隠れてぶったんだから、来るわけだわい。それはタマかすったから、怒ってきたかも知れんけど、小さいクマだったよ、十二、三貫だったよ。これが、オレが自分でうった初めてのクマだ。

初めてだったけどさ、ぶっぱずしたら、かならず向かってくるぞってことは聞いとったからね。それで何でもかんでも、転ぶまでぶつと、それだけは頭に置いとったから、「お前　逃げたらだめだぞ　そういう時は　逃げたら後から追ってきて　やられるから　何でもかんでも　そばへとんで来たら　度胸きめて口ん中へ銃口つっ込んででも　うて」と、そう年上の衆に聞かされとったからな、その通りやったんだわい。

まあ、あれ、まともに来てくれたから、とれたんだわ。向こうへ逃げられたらとれなかったわい。だけどさ、まともにとんで来るやつを慌ててぶっても、なかなか当たるもんじゃねえぜ。だからよ、オラ、慣れてきてっからは、タマかすって、まともにとんで来るようなやつはさ、そばまで来るまでうたねえだ。そばへ来てね、ファーッと立ち上がったとこを、銃口くっつくぐれえのとこでぶつだ。そうしりゃあ、はぐる（うち損なう）こたあねえわ。だから遠くで見てる衆は、野郎、へえ、やられたと思うだ。

それでも、そん時は拍子（運）よかったぞ。カモシカは六つくらいとったわい。倉繁はカモシカ一つとったきりで、あとはオレがみんなとっただわい。オレの鉄砲は当たるんだから。

それから間もなくだ、倉繁はオレと一緒に行かなくなったわい。行くたびに上手なことできねえもんでな。仕方ねえんだ、その頃はもう倉繁も年でなあ、それで年齢の割に老け込んでたんだ。あの頃、いくつだったかやあ、倉繁は、六十過ぎてたかや。あれは焼酎好きでな、焼酎飲みすぎたんだ。そんだからね、倉繁は遊びに来ては、「オマン　こんどどこへ行ってとって来る　とって来たらな　オレにハラちょっとくれよな」「おう　よしよし」って。それから何年もしねえで、中風になって死んじゃった、七十にもなんねえで。

年はオレとはおそろしく違ったぞ。あんなもの二十五、六、もっと違ったか知れねえな。富士弥（大町の有名な猟師で職漁者。遠山品右衛門の息子）とだいたい同しだろう。富士弥にくっついて、山覚えたんだわ。

水晶岳のカールでとった大グマ

クマは強いぜ。オレ、木に登ってるやつ、うったら腹に当たってよ、ドターンと下に落って、そこで死んでねえで、めった下へ逃げて、こまかいボサの中へ入ったもんで、とび出した腸が、そこらにみんなひっからんでせえ、それでもまだ下へ逃げたよ。腸がみんな出ちゃってから、死んどったわい。強いもんだぜ、あんなもんは。あまり大きいクマじゃなかったけどな。

それから、水晶の下のカールで倉繁ととったクマ、あれにもたまげたぜ。ケツの穴のとこから、タマが入ってよ、アバラのあたりで止まってたな、後でバラしてみたら。それでも転ばなんで、下へ、どうしたってあれは五、六百メーターばかしじゃねえせやあ、千メーターは逃げたぜ。

山小屋にいる時よ、二人ともボッカしてる頃だわい。倉繁がクマ見つけてきたんだ、もう夕方よ。「オマン　うってくれや」って言うから、オレ行ったら、もうオレの臭いとって、鼻上げて首をこうして（上下に）動かしてるだわい。でかいクマなんだ。だから慌ててポーンとうったら外れちゃった。そうしたら、オレの方へとんで来て、それで何思ったか、途中で向き変えてよ、くるっとオレにケツ向けて、それをうったら、こんだ当たった。タマ、ケツの穴から入ったから、さあ、赤ひいて、ポトポトポトポト血たらしてよ、すじかいに下へ逃げてくだ。

あれで、二人で四、五百メーターは追ったわな。クマは下りは速いだわ。それで「こりゃあ　オイ　だめだ」と、「これじゃあ　暗くなって危ねえから　今日はやめて　明日　朝早くに出直してくるだ」ってわけだ。もう、そんなに遠くまで逃げられっこねえっての分かってるから。それから小屋へ帰って、あくる朝、赤ひいたとこまで来て、順に辿《た》べてったら、途中、血ばうんとひいて、ところどころで、うんと苦しんで、草とか土とか、めった掻いてあるわけよ。

それから草付き終わって森林帯へ入ったんだ。そうしたら三間四面（三間四方）くれえ、ベットリ血たらして、爪でそこら掻いてな、うんと苦しんで、転げて回った跡があったわい。さて、これだけ苦しめば、もうここらで死んでるぞと思って、そーっと忍んでったら、まだ五十メーターくらい行ったぞ、そうして血がめった落ってるから、こりゃあ、もうすぐだと思って、鉄砲構えて、引き金に手かけてよ、いつでもうてるようにして行ったら、草はあるし小さなヤブはあるしのう、五、六間のとこへ行くまでクマ見えなんだわ。こんな（一抱え以上ある）木の下《もと》で寝とったぜ。そうしたら、野郎、ファーッとオレ威《おど》して、とび出したわい。それうったんだ。

六月の終わり頃だったな。その頃は、まだ終戦直後だったから、鉄砲の保管もうるさくない頃で、オレ、水晶の小屋つぶして、それを三俣の小屋に運んでる時で、ボッカで山へ入るにも鉄砲持ってってっといたんだわい。

ところがクマは転んだけど、後から来た倉繁がいないの、「オーイ　クマ転んだで早く来い」ったって来ねえんだ。野郎、オレの後ついてきて、ファーッとクマがとび出して、オレに来たもんで、てっきりクマにやられると思ったんだ。どっかへ逃げちまって、いねえんだ。そうしたら、遠くで叫んでるだ、「オーイ　どうした」って。まあ、仕方ねえんだ、倉繁ってのは、猟師で飯食った男だけどせえ、トリやウサギは上手だったが、本物の大物猟師じゃねえんだから。オレ、若い頃は一緒によくカモシカやクマうちやったけど、まあ度胸はねえんだわい。

それでノコノコ出てきて、転んでるクマのとこへ行って、足の裏をてめえの手で計って、「おうおう　これはでかいぞ　大きいもんだぞ」って。わざわざ計んなくったって、目の前にクマ転んでるんだから、見れば分かるわい。四十貫以上あったな、あれは。バラして二人で二日がかりで小屋へ運んだわい。

クマはね、バラして一晩ぐらいは放っといてもキツネもテンも来ない。野郎ども、クマだってこと臭いで分かるから様子見てるんだ、一晩くらいは。それで、こりゃあ大丈夫だと思うと食いつくんだ。それまでは食わないよ。だけどカモシカは、その晩にやられる。うんと雪掘って、いけとかなけりゃだめだ。

カモシカはだめ。夕方、遅くなっちゃって、うんと悪い絶壁でもって、うち落としたんだけど、その日に拾いに行けないのよ。なにしろ悪いとこで、遠くから回ってかなけりゃならないから、「今日は　とてもだめだから　明日の朝　早く来て解体しようじゃないか」ってことで、小屋へ帰って、明日（翌日）、朝行ってみたら、もうへえ、九分通り食い荒らされちゃって、毛はみんなくえて（くわえて）、そうして、いっぺえ穴あけて、もうグシャグシャ。テンがもう何匹来たか分かんねえほど足跡がいっぺえ。もう、ハラワタなんか一つもなかったわ。いい肉はそんなに食われなかったぜ。だけど毛皮はもうだめせ。けっきょく、一日棒に振っちゃった、バカみたわい。

黒部の東沢でとった大グマ

東沢でとったクマはみんなでかかったな、四十貫超えたぜ。もう一頭は、これはクマうちに行ったんじゃねえんだわ。富士弥ってのが、水銀が出るとかなんとかって、人を連れてったんだわい。あの時は林平も行ったぞ、五人か六人で行ったんだ。オレは林平に頼まれてボッカで行ったんだわ。あれはもう雪の来る頃で、九月の末か十月の初めじゃなかったかや。それで、オレはクマがいるかも知れんと思ったから、鉄砲持ってってったんだ。

それで、ほかの者はお客さん案内して、その水銀の出るとかってとこへ行っててせ、オレと富士弥の息子と二人で、クマでもいるかと思って、東沢を上がってってったんだわい。そうしたら、クマ見つけてよ、反対側の崖の上の草付きに寝とったわい。それで横から回るも何もできねえとこだから、仕方ねえ、川っ端下から忍んで行って覗いたら、もういないわけよ、いたところに。オレの臭いとって逃げたんだ。

そうしたらガサガサと笹が動いてんだよ。それをどのくれえのとこぶちゃあいいかと思って、まあ、メクラメッポウでぶったら、それが当たったんだわい。あれはバチアタリ（昔の大町界隈の猟師言葉で、まったくのマグレ当たりのこと）ってもんだわい。あんな笹の中にとび込んだやつを、姿が見えなんで、笹の動いてるとこを狙ってうったら当たったんだから。あれは本当のバチアタリだ。距離はまず、三十メーターあるなしだったぞ。よく当たったと思うよ、まともに姿見て、狙ってぶったって、はぐれることとあるのによ。

あんなことはオレ、後にも前《さき》にも初めてだぞ。これも死にが悪くって、なんしろ、でかいクマだから、横に二、三十メーターばかり行って落ってきたわい。これは大きいもんだったぞ。オレのうったクマでは、最高にでかかったな、四十四、五貫はあったと思うよ。皮にして九尺以上あったから。

それをせえ、オラ、富士弥に騙されて、とられちゃったんだよ。「ワレ売るよりオレ値よく売ってやる」って。まあ、オレもバカだったんだよな、相手がそういうことする人間だってこと分かってて騙されたんだから。オレ、金とりに行ったら、「ワレは　オレが雇ったんじゃねえか　日当払ってあるんだから」って、金よこさねえんだよ。オラ、富士弥に雇われたんじゃねえ、林平に雇われたんだ。それもクマうちの荷背負いで行ったじゃねえ、山師のボッカで行ったんだから、ぜんぜん、スジが違うんだわい。

ああいうことするもんじゃない。いくら貧乏してるからって、ああいうこと、しちゃいけねえぜ、人間。だからせえ、オラ、もう自分では、絶対、そういうことしちゃいけねえと思ったぜ。だから、オレ、後で親方になっても、絶対、そういうことはしなかったよ、本当に。

山小屋に出たクマ

一頃《ひとっころ》せえ、小屋にクマが出て困ったことあるだよ。残飯近くへ捨てるだろう、それ食いに出てくるだわい。残飯食いに来るだけならいいせやあ、それが小屋の板壁破って厨房《ちゅうぼう》へ入ってくるだよ。これにはオレも困ったわい。人間が中にいたって、寝たら、もう入ってくるだわい。その時季、あんなものとっても、肉はまずいし、皮はだめだし、うってもしょうがねえんだけどせえ、しょうがねえ、お客さんにケガでもさしたらいけねえから、うつほかねえんだわい。それでも解体しりゃあ、アルバイトの野郎どもは、喜んで食ったわい、クマの肉だって。

だけどね、うつったって、あれ面倒なんだわい。猟期外だろう、許可とらなくちゃなんないの。それで小屋は、富山県だろう、だから、こっち（大町）の警察に連絡して、大町から向こうへ電話して、それからやっと許可になるんだから。そうして許可とって、すぐさま下へ（家へ）鉄砲とりに、とんで来なけりゃならんだわ。あんなもの、出始めりゃあ、ずっと出るんだから、一日や二日じゃないもの。三日がかりで鉄砲持ちに来るんだわ。

鉄砲は保管がうるさいんだから。ロッカーへ入れて保管すれば、山へ入っても持ってていいんだけど、山小屋に鉄砲入れるロッカーなんてないもの。ただ、そこらに置いとけねえんだよ、鉄砲は。そんだから、山小屋へ、やたら持ってくわけにいかねえの。それで毎年出るってわけもねえだでなあ、それで困るだよ。何時出るものやら分からねえんだし、出ない年は出ないし、出る時は、三頭くらい出た年もあるよ。

鉄砲持ちに行って、残飯捨てるとこへ来るのをうつわけ、夕方から朝早くだな。時季としては、やっぱり最盛期の残飯たくさん出る時だな、七月の末頃から八月の盆までだ。またその頃は、稜線のイチゴが熟む時だから、それ食いに、山の上へ来てるってこともあるだわい。その頃がいちばんいかんぞ。イチゴのある縦走路のそばへ来て食べてるから、そん時には、お客さんやられたりすることあるんだから。まあ、日中はめったに出っくわさねえわ、野郎、日中は寝とるわい。そのイチゴ食べに来たやつが、残飯の臭いで来るだ。

それでせえ、一ぺんは、倉庫に入ってきて、ダンボール箱を抱えて行くの、オレが見たんだから。それがせえ、ジュースの入ってる箱だよ。ハイマツの中へ、ダンボールの箱抱いて行くのを見たぜ。片方の手で抱いて歩いてたよ、三本足で歩いてたよ。大きいクマだったぞ、あのクマは。その時は二晩続けて出た。「さあ　こりゃあ　だめだぞ　オイ　みんなやられちゃうぞ」ってわけで、オレ考えて、こんだ、カンテラつけて、倉庫の中へ一晩中吊るしといた。それで出なくなったわい。火がいちばん、おっかねえんだからな、ケダモノは。

お客さんが投げたジュースの空き缶でも舐《な》めて、味覚えてきてやったと思うんだけどせえ。それがさ、缶カラの中へ入って、ダンボール箱に入ってるものを、ジュースだって、どうして分かるかと思って、それが不思議なんだわい。クマが字分かるわけじゃねえしせえ。あれを歯で穴をあけて吸うんだよ。甘いものはいちばん好きだから。だけど、あれは何でも食うぜ、それで困るだ。荒らし始めたら、毎晩、荒らしに出るから。

最近はもうへえ小屋にも出ないよ。たまに、どっかそこらの小屋に出るっきり。前にはどの小屋にも出て、あっちもこっちも騒ぎがあったがなあ。今から、十年、十五年前くらいじゃないかい、いちばん出たのは。今はたまに、どっかの小屋に出たなんて話聞くくらいのもんだ。

ワナでとったクマ

これは高瀬の奥の湯俣だ。ケモノ道見つけて、ワナ掛けといたの、カモシカでもかかりゃいいと思って、ワイヤーの太いやつ。それで鉄砲持たんで見に行ったら、クマがかかってるだでやあ。オレが行ったもんだから、ファーッと立ち上がって、もうえらいもんだわい、あらびて、あらびて、ぐるりの、こんな木（直径十二、三センチ）、みんなぶっ倒しちゃって。あれはえらいもんだで、クマがあらびたら。

だけど鉄砲持たねえんだから、どうしょうもねえだわい。そん時、オレ、ハンマー背負ってたんだ。ちょっと大きい、岩叩き割るようなハンマー。あん時、なんで、あんなもの背負ってたかなあ。それから腰ナタで木叩き切って、五、六尺の棒作ってよ、その頭へ、藤蔓切って、ハンマーを、ギューギューと縛りつけたわい。それでもって、しばらく、そばへ寄ってって、そうしりゃあ、クマはうんとあらびるから、そうしてクマを疲れさしてっから、そのハンマーで頭叩き割ろうって作戦よ。だけど、おっかなかったわい。丈夫なワイヤーだから切れるこたあねえと思ったが、もし、切れでもしたら、こりゃあもう、えらいこったわい。クマと一騎打ちってこった。あんなもんとやったって、人間勝てるわけねえわな。

だけど、よかった、切れなくって。そのうち野郎疲れてきた。それでめった打ちくれたんだが、やあ、なかなか急所に、頭に当たらねえんだわい。クマの野郎は、もう怒ってよ、めった暴れてよ。あんなもの、体なんか、ちっとばかり叩いたって効くもんじゃねえぜ。だけど、野郎はワイヤーついてるから、あんまり自由利かねえから、

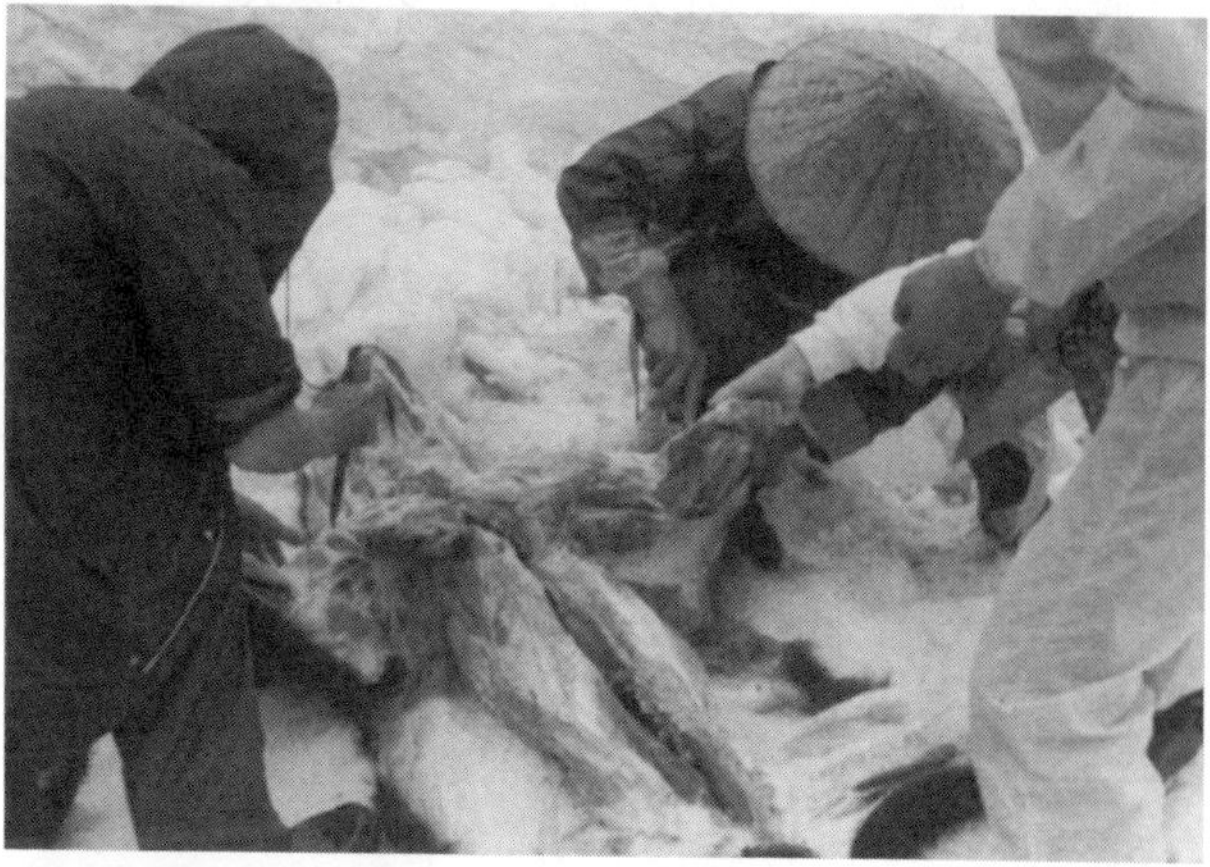

クマの解体。編笠姿が鬼窪さん

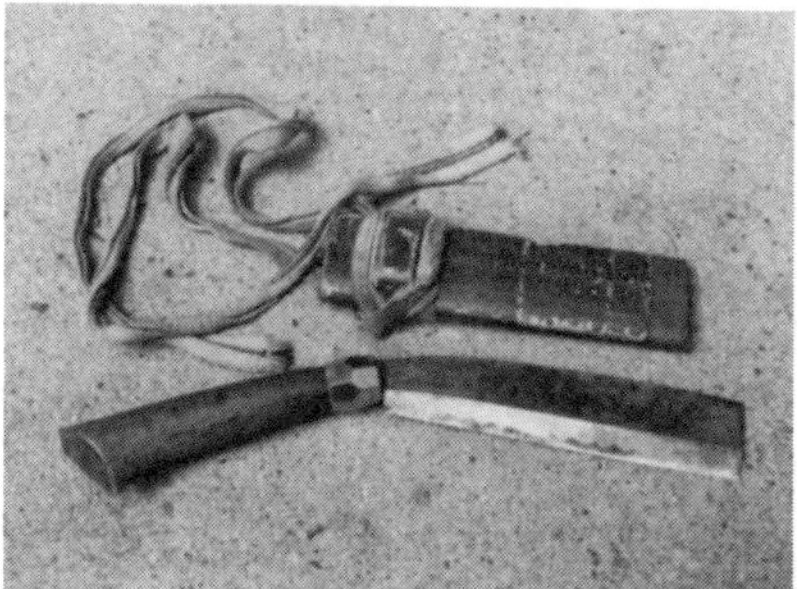

鬼窪さんの腰ナタ

そのうちに、まぐれで一発脳天に当たったんだな。あいつは耳と耳の間の、脳天叩かなきゃだめだ。そこが急所よ、脳ミソの上を叩けば、脳しんとう起こして、野郎動きが止まるだろう。そこをめった打ち、急所めがけて三つ四つ。それで終わりよ。あまり大きくはなかったが、それでも二十貫くれえあったよ。

クマの胆を飲むと麻酔が効かなくなる

クマはシシウドが好きだ。あれは下界にはないぜ、山へ入らんとないよ、高い山へ。それで、あれは、うんと苦いの、あれの根はうんと苦いぜ。あれは、本当の腹薬《はらぐすり》だぜ、苦い、苦い。オレは家にとって来て、干してしまってあるわ。胃けいれん病む人に、煎じて飲ませれば、治っちまうぜ。あれはね、臭みがあって苦いの。まあ、オレは死ぬるか生きるかって時でなくちゃ、飲みたくねえなあ。苦いだけならいいが、あの臭みがな、なんて言っていいか分からん。あんなもの、よくクマのやつ好き好んで食うと思うよ。

あんなもの食ってるんだから、だからオレは、クマの胆は高山にいるやつの方が効くと思うよ、オレはそう思う。下にいて、普通のドングリやなんか食ってるやつより、シシウド食ってるやつの方が効くと思うぜ。

まあ、クマの胆なんてものは、あの苦みが効くだ。だけどクマの胆はね、薬草なんかの苦いのと違って、ちょっと甘みあるよ、闇雲苦いばかりじゃないよ。試してみりゃあ分かるよ。ヘラ（舌）へのせてみてごらん、薬草の苦いのときたら、ほんまに苦いや、ヘラ曲がらなくなってくるから。クマの胆はそんなことない。オレはちゃんと試してるから。

あのね、クマの胆は、たんと飲んじゃだめだよ。ゴマ一粒か、半分だよ。たんと飲んだら胃がただれるよ、余計悪くしちまうぜ。あれは、少しずつ回数飲むの。それで茶碗に水でもお湯でも入れて、その上に落とせばクルクルクルクルと回るよ、本物なら。偽物ならだめだよ、ブタの胆とかヤギの胆なら。あれは高いから、素人はよく偽物つかませられるの、悪い奴いるから。

クマの胆はいい。オラそれだから、今、年とったからせえ、山へ入る時は、朝、ちょびっと飲んでくの。汗の出が違うから、たんと出ない、楽だ。それから、オレのね、下の子がね、子供の時に盲腸になりかけたんだよ、広津でね。腹痛えって言い出しちゃってせえ、横っ腹が。それで医者へ連れてくったって、容易なこんじゃねえし、それからクマの胆飲ましたら、一発で治っちゃったぜ。

それからクマの胆飲んでると、医者の麻酔が効かなくなるぜ、オレがそうだもの。

オレ、アキレス腱切って手術する時せえ、前にちょびちょびクマの胆飲んでるだろう、だから麻酔うっても効かねえんだよ。「こんなバカなことねえ」ってわけだ、医者が。だからオレ「ああ　いい　生で切れ」ってわけで、生で切らした。

アキレス腱切ったのは、八年か十年前だ。十二月の初まりだわい、鹿島〔川〕の奥でよ。一人でテンとりに出たのよ。まだ雪もちょっとっかなくて、そうしたら、雪の上にクマの足跡があって、それをつけてったんだ。つけてって、尾根越えて、降りてって、いよいよ川原へ降りるってとこの、ちょっと勾配のきついとこで、落ち葉の上に雪が積もってて、辷《すべ》くって、川原の石の上に足がのったら、その丸いような石の上にも雪があって、踵《かかと》がちょっと辷ったようになって、それで、へえアキレス腱が切れちゃった。

歩けねえんだわい。その時は、アキレス腱切れたなんて、てめえじゃ分からんのよ。ただ石にぶっつけたから、痛えだと思ってんだよ。それでしばらく休めば収まると思って、そこで三、四十分休んでたわい。それでも、治んねえから、それから考えてさ、このままにしてても、こんなとこ、誰も来るとこでねえしのお、それで二本杖拵して、いざって道へ出て、だけど車も通るようなとこでねえしせえ。それで、やなばの駅（大糸線の簗場駅）まで、なんとか行ったぜ。あっこまで、二時間や二時間半かかったろう、二本杖で足ひきずって。

それで電車に乗って家へ帰ってきただよ。家へ来たって、こんだ足が腫れちゃって、長靴が脱げねえの。長靴ひっぱってもらってやっと脱いだわい。それだけど、オレは我慢が強《つえ》えでせえ、あくる日一日休んで、テンのハサミ掛けてあるから、二本杖で行っただよ。それで打撲かなんかだと思って、十日も医者に行かなんでいて、十一日目だかに行ったら、「なんだ　アキレス腱切れてるわい　こりゃ手術しなけりゃだめだ　今　これから手術やる」ってわけよ。オラア、驚いちゃってよ、アキレス腱切れたなんて、どんなもんだか知らんしよ。十時頃行って、午後の一時には手術するってわけよ。

さあ、手術するってわけで、お医者さん麻酔うった。だけど効かねえだ。三本うってもまだ効かんで、「酒も飲まん者が　こんなバカなこたあねえ」ってわけ。それで効かねえものしょうがねえんだから、「オレ　痛いって　我慢しるで　生で切ってくれ」って、切らしたわい。看護婦さんもおどけとったわい、「こんな患者さん　見たことない」って。

それで十四日目には退院しちゃった。オラ、何日もあんなとこにいらんねえわい。

医者も驚いとった、よく鍛えてあるで回復も早いって。それで十二月の十二日に手術して、一月の十五日には、松葉杖ついて鉄砲うちに行ったよ。

カモシカ

カモシカには縄張りみてえものがある

カモシカは、冬は縄張りみてえもんがあって、そこにいて、いくらも動かんよ。あれは縄張りっていうか、まあ、決まった居場所だな。雪があんまり多いとこにはいないよ。ボヤ（ほえの訛りで柴のこと、つまり細い低木のこと。ボエともボサとも言う）もみんな雪に埋まっちゃって、餌食べられないから、雪がうんと来ると、あんまり奥の高いとこにいなんで、下がってくるんだ。そうして、いい場所見つけて、そこに冬の間はずっといるわけよ。

青木がかたまって生えてるようなとこ、オレラは黒斑《くろふ》って言うだ。そういうとこにいて、時々近くへ出てボサ（ここでは雪の上に出ている枝先や笹のこと）食って、またそこへ帰ってくるだ。一月、二月はそうだな、動かない。わずかな餌食って、そこに寝てるわ。それで春になって、雪がいくらか固くなってくると、ちょっと遠っ走りするだ。そうして夏は高いとこ、稜線の縦走路にもいるよ。夏は上にも食べるもの、何でもあるから。

それで、毎年、前の年にいた近所に、またかならずいるよ。それが同じやつでないの、今年とれば、とった近所に翌年もかならずいる。そんな、うんと場所変わんないよ。どっから来るか、とっても、とっても、毎年、そこへ来る、別のやつが。

まあ、あいつらにしてみりゃあ、いい場所なんだな。棲みいいっていうか、餌があるっていうかさ、そういういい場所には、毎年とっても、また翌年行けば、ちゃんとそこへ来とる。一ついたとこは一つ、二ついたとこは二つ、あれはよくしたもんだ。

だからカモシカは、毎年、前にとったとこへ行けばいいだ。そことっちゃったら、こんだ「オイ　去年あすこにいたで　そこへ　えーべ」って、そっちへ行けば、間違いなくとれるから。その点はカモシカってものは奇態なもんだな、かならずどっからか、入れ替りに入っとるからね。

まあ、どうかしりゃあ、そりゃあ、二ついたとこに一つのこともあるし、二つのところが三つになってることもあるぜ。まあ、二つ、三つってのはね、親と仔だ。たいてえ一つだな、一つの方が多いな。カモシカってやつはね、メス、オスは別々。そりゃあ十月の半ばから十一月の半ばまで、約一月くれえは発情期で一緒にいるよ、あとは別々。

メスはね、五月に仔を産んで、一緒に連れて歩くのは一年。来年（翌年）の四月頃には、その仔をぶちゃる（捨てる）んだな。五月頃生まれた仔はね、来年の一月、二月頃には、一匹前で、とんで歩いて餌食って、そこらに、親の近くにいるもんだけどね、だけど、仔っきり、まるっきり親にはぐれていることもあるよ。あれは親が死んだか、早く親にぶちゃられたんだな。

発情期はね、どういう加減か低いとこへ来てんの、沢の低いとこにいるの。それでね、いちばん低いところのちょっと高いとこ、五メーターか十メーター上がったとこに、オスは幾日《いくか》でも寝込んで見てるんだから。そうして、あれ、なんか鳴くんだな。そうすると、そこへメスが来るんだ。

その時期、あいつは縄張りがあるな、オスは、確かにある。自分のいるとこへほかのやつ入ってきたらケンカだよ、角で突き合うぜ。あれは牛と同じこんで、角のあるもののケンカは、なかなか時間が長いよ。どっちか血が出るまでやめないよ。オレ、ケンカしてるとこ何べんか見とる。カモシカのケンカは発情期ばっかしじゃないよ。どうかすると春先でもやってる。

一ぺんなんか、あの葛温泉の奥のダム近くで、土方が道の際《きわ》の蛇籠《じゃかご》か何かやっとったわい。そこへオレが山から帰って降りてきたら、土方のいるよりか百メーターぐれえ下の道の真ん中で、突き合ってんだよ、カモシカが。そのうちに、どっちかがやられて、血がうんと出たらやめたわ。その血の出た方がカタンカタン逃げちゃったから。それから一ぺんは黒部の川の端で見たぜ。雨っ降りでね、小屋に休んでたわけよ。そうしたら川の向こうっぺたで、川原に出てきてケンカだよ。薬師沢の小屋で、イワナ釣りに行った時よ。三十分か四十分やったよ。やっぱり片っ方、血が出て逃げて、それで終わり。

まあ、カモシカは繁殖期以外はたいてえ、メスもオスも一つでいるが、二つでいることもあるよ、メス、オスで。でも、まあ八割は別々だな。

カモシカの餌と肉

それで、大きいとか脂がのってるってのは餌だな。あれはガンベが好物なんだわい。ガンべってのは下界ではヨツズミって言うんだわい、赤い実のなるやつ、本名（和名）はオオカメノキって言うんだ。あれを食べてるのは脂ものってるし、肥えて大きいだ。ガンべは常食だよ、あれがいいだ。あの木はね、皮のとこに油っ気があるの、そんだからいいんだ。あの枝を食うんだ、箸くれえの。それを食ってるカモシカは、うんとうまいの。ほかの雑木を食ってるのは、脂が少なくてうまくない。シラカンバっきりつか食ってないやつなんかはだめだよ。オオカメとナナカマド食ってるやつがいい。

高瀬の谷で出会った年老いたカモシカ

ナナカマドもいいんだわい。

餌なんてない時には、ツガの葉も食えば、シャクナゲの葉も食う。それから高い山へ行くとオガセってあるだろう、木の枝へ白く下がってるサルオガセさ、あれも胃袋に入っとるよ。あんなもの食ってるやつはまずいよ。ああ、オレはたいてえとったとこで胃袋、ちょっと割ってみるからね、あれ入ってるやつはまずい。まあ雪が来ると、カモシカはあの箸のようなボサっきり食ってるだが、あれでよく生きとると思うよ。

苔なんてものは食わねえようだな、胃袋の中に入ってなかったな。まあ木の枝と葉っぱと笹だな。今（五、六月）は草っきり、時季によって違うだ。草が出てくれば、秋になって草が雪に隠れちまうまでは草っきり。草がなくなったらボサ食う、ボサっきりだ。

カモシカも大きいのは十二貫くらいある。めったにないがね、どうかすると居《お》るぜ、たまに。普通は八、九貫だ。大きいのはオスだ。あれは山がうんとおっかないとこじゃなくて、いいとこで、餌のたくさんあるとこのやつは、やっぱり大きいな。岩場ばっかしのとこは餌が少ないから小さい。

肉はね、メスの方がうまい。オスはだめ、どういうわけか知らないが、オスは肉が固い、脂も薄い。それでね、同じ脚でも、味は違うんだぜ。肉食うんなら、前ど脚

（前脚）でなけりゃだめだよ。前ど脚はやっこくてうまい。後脚は肉の量はたんとあっけど、固くてうまくない。

それで高いとこにいるやつの方が肉はうまいよ、どうしても脂があるからうまいわい。下の方の松林にいるカモシカなんて、まずくてだめだ、肉が固くて。そんで、やっぱしね、せえぜえ二月一杯くらいまでだよ、肉のうまいのは。それから脂はないが、やっこくてうまいのは六月頃かもしれんなあ。青草食ってるから、あんまりしつこくなくて。それから十月頃もうまい。

まあ、脂があって本当にうまいのは一月二月だ。三月へ入ったらだめだよ、脂抜けちゃってまずいよ。皮もだめ、三月へ入ったら、もう毛がとぶ。そうなればもうだめだ、毛皮も安い、本節物《ほんせつもの》でないってことで。まあ場所によったもんだがね、そりゃあ三月に入ってもね、二千五百メーター以上のとこへ行けば、まだ三月一杯くれえは大丈夫だ。毛の抜けるってことは温度によるんだ。まあ、雨にめったあうと、肉の味は落ちるし、毛もだめになる。雨が降るってことは暖かいってこと、そういうこと。それから発情期のカモシカはね、その頃はね、肉も臭みが強いよ、臭い。

肉はうまいなんて言うが、オレはそんなにうまいもんだと思わんね、オレはクマの方がうまい。内臓はみんな食えるが、レバーがうまいな、焼いて食べるんだ。胃袋をよーく洗って、塩でもんで、生で食う人もあるが、オレはやだ、臭くてやだ。オレはカモシカとっても、生で食ったのは脳ミソだけ。ほかの連中はレバーね、あれを生で食べたよ、口べたまっ赤にして。カモシカは生で食ってもいいけどクマはいかんよ、寄生虫がいるから。

オレは脳ミソがいちばん好きだ。だけど少ないよ、茶呑み茶碗に、なから半分もあるかなあ。あれはオレがみんな食った。あれは生に限る、ナタで頭叩き割って、すぐさま箸で掻き出して食う。塩気なくちゃいかんわ、塩でも醤油でもかけて食べるんだわい。

ほかのやつはオレが食うのを見て、やな顔してんだ、横向いて。「こんなうまいもの食わなんでいられるか」って、箸で掻き出して、ツツツツーッとすすってんの見て、「気持ち悪いや　そんな白いクニャクニャしたもの」って。血はね、オレ飲んだことないけど、いくらか塩気があるって言ったぜ。

それから、腸詰めはいいわい。腸の中に入ったものをこき出して、洗っちゃってね、ひっくり返してもいいし、適当に切ってよ、そうしてから片方縛って、肉をナタでタンタンタンタン細かく叩き切って、ニンニクと混ぜて中につっ込む、そうして縛って塩茹でにするだわい。

それからオレラは骨煮ってことするだ。骨をね、途中から叩き折って、それを石油缶でガタガタガタガタ煮るわけよ、五、六時間。そうすれば、つかみ出して振れば、骨についてる肉はパラパラパラパラみんな落っちまう。それまで煮なきゃだめ。それはうまいだ。髄をするだ、ツルツルツルツル。肉煮て食うより、こっちの方がうまいや。

これは真冬はあまり脂が強すぎるからね、しつこくってだめだ。今頃のやつがいちばんうまいの、三月からのやつがいいの。真冬のはしつこくって、そんなものあんまり食ったら腹下しちまう。骨煮はね、頭まで丸のまま入れちまう、うまいぜ頬肉なんて。骨煮も、へえ、三十年も食ってみねえや、山へずっと入ってる時はさんざん食ったが、オレラ密猟で挙がったのが〔昭和〕三十五年だから、それから過ぎ〔以降〕やらねえもの。

密猟で挙げられたのは、あれはな、先に伊那の方のやつが挙げられたんだ。それで警察がナメシ屋調べたところが、数が合わねえんだ、余計あるもんでよ、ナメシ屋もしょうがねえわ、誰それって名前出しちゃったんだ。オレの皮もそこにあったもんで、それでもって、オレ挙げられたんだ、辰野《たつの》の警察に。三十五年の四月だったな。

ああ、ああ、それこそ、えらかったぞい。十二日もブタ箱にぶち込まれてよ、しめあげられて、えらい目にあったわい。それで裁判で、懲役三年、執行猶予五年だ。狩猟免許停止が、あれが何年だったかな、五、六年だったかな、もう忘れたわい。それで皮はみんな没収、鉄砲もとりあげられたよ。加工したものは、いいってことで返してよこした。だからチョッキは、あれは検事局まで行ってきたんだから、オレは今でも着てるよ。

それでも、オレラが挙がった後でも、そこら中で挙がったよ。一匹や二匹とっても挙がったぜ、うるさくなって、どこでも。大町から松本平へかけて、それから別のとこでも、方々中で挙がったよ。オレは、もうへえこりごりだ。

もうオレはあんなもの食いたくない。臭い嗅ぐだけでもうたくさんだ。昔は、煮て食い焼いて食い燻製にしといて食い、さんざ食ったもんだけど。まあ冬とって燻製にしといて六月頃食うのはうまいなあ。もどして煮つけて食ったら缶詰食うようだわい。昔は毎年、燻製拵《こ》しといて、秋のお祭頃まで食った。だけど本乾（本乾燥）にしなきゃ長くもたんよ。生で四貫目あるものなら一貫になるまで干さなくちゃだめだよ。イワナでもなんでもそうだ、四分の一になるまで干さないと、長く置くとカビがくるよ。

燻製はね、カモシカの肉を小さい塊にして、一ぺん茹でて、ズズックリ（ジュズックリ＝数珠栗。茹でた栗の実の頭に針で糸を通し、数珠のようにして干したもの）みてえに畳糸へ通して、小屋の火焚く横へ掛けて干すんだ。火の上に干すんじゃないよ、横だよ。そうすれば多少煙もゆくしね、それで干し上げれば軽い燻製なりになるわけだ。それをとっといて、食べる時は水でもって戻して、それからまた水炊きを五時間もするんだわい。そうして煮て食ったもんだ昔は、今頃（五月末から六月）になってから。

あれは脂のたんとある時のはだめだよ。脂が少なくなった頃の方がいいよ。脂がたんとあると、干してもなかなか乾かんし、早くカビがきて、長くとっておかれないの。

カモシカは棲んでるとこが棲んでるとこだから、よくナダレにやられて死んでるよ。早いうち見つければいいんだ。遅くなればだめだ。三月中ならいいよ、三月中なら、まだ雪ん中から体全部出てないもの。角が出てるとか、脚でもちょっと出たくれえのやつ見つけたら、これはいいんだ。皮は大丈夫、肉も食えるよ。

食えるがだめだぜ、ナダレでやられたのは、もう骨がメチャメチャになってるだろう、それで内出血して、肉はまっ赤。二人で見つけてね、もってえねえ、これ掘ろうって、もう一人のやつが小屋へスコ（スコップ）背負いに行って掘って、皮むいて、あのまっ赤になった肉焼いて食ったわい。オリャ食う気しなかったな。皮は役に立ったよ。オレ、毛ひっぱってみたら抜けなんだよ、本節物だったよ。そういうの、よく拾ったよ。だけどオレはそういうやつは絶対食わない。

増水でやられて死んでるのもあったよ、それはよかったな。増水で、谷歩かれんで休んでる時、棒小屋じゃあなかったかやあ、勝野たちは二人で拾ってきたわい。大きなやつだったぜ、それはいい皮だった、ナメシ屋に出して、大きな皮だったわい。だけど今はだめだよ、そんなもの拾って持ってきてもうるさいよ。うんとうるさいんだから。

カモシカ雑談

カモシカはせ、あれ、シカの種類だと思ってる人がいるよ。お客さん（三俣小屋の客）なんかで、そう言う人多いわい。あれはさ、牛の仲間だから、メスもオスも同しように角があって、遠くからじゃ分かんねえだ。それでせ、シカは毎年角が生え替わるだろう、カモシカは違うの。あれは一度生えたらそれっきり、死ぬまで、まあ毎年いくらかずつは伸びるわな。本当にわずかだよ、根元の方に年輪があるわ。

それで、あれは欠けたら、もう生えてこないぜ。オレ、片方角のないの、いくつかとったよ。あれ、どっか落ったんだわい。そういうカモシカは乳川が多かった。山悪いだ、あすこは。乳川か北葛だ、そういうのとったのは。

昔はね、あの角が値がよかったの。皮と半々に売れたらしいよ。海の猟師がバケ（疑似鈎）に使ったんだ。水の中に入れるとね、青光りしる青角がいいだ。青角は少ないよ。だいたいね、オラアが始めた頃でもって、青角が二百五十円かな、もうあまり売れなかったな。もっと前がよかったんだ。あんなもんでカツオ釣ったんだか、イカを呼び寄したか知らねえけんど。今はだめだ、角とも言わねえや。だけど角は、いちばんいいのは五、六歳の角だわ。

カモシカの角でね、タバコの吸い口作って吸ってる人もいるし、オレラはカモシカのキンタマね、あれをさ、昔、タバコ入れたりする印籠《いんろう》ってやつあったろう、サクラの皮巻いたようなやつね、あれにキンタマ、キンタマってったって、玉の方じゃねえよ、袋の方だよ、あれ二匹分ないとだめだぜ、その袋を上と下からグッとかぶせてよ、真ん中でもって縫い合わせて、そうして乾いてっからに、口のところをスーッと小刀で切って、あれにタバコ詰めたら、絶対しけらない（湿気ない）ぜ。

オレ、自分ではタバコ吸わねえから、そこらの年寄りにいくらも作ってやったぜ。みんなに拵してくれ拵してくれって言われてよ。あれはもう今はないわな、オレたちカモシカとってる頃、仲間にタバコ吸うのがいて撚して持ってたけど、もうないな、何十年も前だから。

カモシカも茶から黒まで、色はさまざまだなあ。だけど黒いやつは少ないよ、まっ黒いのは。それでね、素人はね、遠くからそれを見てクマだって言うの。オレ、素人にどのくれえ騙されたか分からん。「オイ　クマ出たから早く行け」、それも一月だわい。今、クマが出るはずはねえがな、だけど今クマとれば、おそろしく儲かるな、なに、行って見ればカモシカだい。ここら、まっ黒ってのは少ないよ。木曽は多いよ、ヒノキばっかりの林のとこにいるから。雑木の多いとこは、黒いのたんといない、主《おも》、茶だ。

サル追ってる時になあ、下の方で追ってる衆が、「クマ行ったぞー　クマ行ったぞー」って言ってるだよ。「バカ野郎ども　なにこいてるだ　この一月の雪の中にクマがいるか」と思ってな、オレはその時にすぐ分かった。野郎ども黒いカモシカ見てクマだと思ってるなって。それでも、オレはぶちに回ってるだから、そいつぶたねえわけにはいかねえんだわい。だけどオレには姿は見えねえんだ。そうしたら、下の方で「横に切れたぞ」って言ってるだ、オレよかうんと下で横に外れて。それから、しょうがねえだもんで、谷底へ降りたら、向こう側へ移ってくのを見つけてさ、やっぱりカモシカよ。

　さあ、そこにいたじゃタマ届かんしな、そこの急なとこを百メーターか百五十メーターくらい上がったろう、四つん這いでもってガリガリガリと上がってって、うったわい。転んで落ったから、オレ、すぐ野郎どものとこへ行って「オイ　クマうったぞ　この下に　谷に転んでるから　行って背負ってこい」って、二人ばかり行ってカモシカ背負ってきた。

「鬼サ　クマじゃねえぞ　カモシカだぞ」ってこいて。「そうかい　カモシカかい　オリャまた　お前らクマだクマだって言うから　こりゃあ珍しいクマだぞい　角が生えてらあ　と思ってうったぞ」って言ったら、「鬼サも人が悪いなあ」って。やりきれたもんじゃねえぞい、ああ、ああ、そんな野郎ども相手にして、やってんだから。そういうことあったよ。長えことやったから、まあいろんなことがあるわ。

　まあ、カモシカなんてやつはバカなもんだぜ、あんなものは。鉄砲二、三発うったって逃げないぜ。あれは、どこで鉄砲うってるか分かんねえんだな。まあタマがいっそ傍へ行けば逃げるよ。だけどたいてえ逃げない。逃げないで、どこで音がするかと思って、目を据えきって見てるわい。

　そのかわり、こっちがちょっと見えたら行っちゃうよ。トットットットッと行っちゃうよ。それでね、ちょっと行っては、ちょっと後見てるわ、またちょっと行っては後見て、あれね、そんなことしてるから犬に追いつかれちまうの。いっそ、うんと遠くへ逃げたら、犬だって簡単には追いつけないよ。とび出したら速いよ、犬より速い。だけど、それやんないで、ちょっと行っては止まって後見、ちょっと行っては後見やってるから、犬に追いつかれて、ガンガンと鳴かれりゃ、おっかなくなって止まっちまう。それで犬に食《く》っつかれて咬み殺されたり、猟師に鉄砲でうたれるわけよ。

　カモシカは目が利くんだ、うんと。だけど目だけ、鼻も耳もたいしたことない。目は相当利くよ。だからね、あいつは目っきり頼りになんねえから、あんなことするんだとオレは思うよ。だけどバカはバカよ、そんなことしてりゃ追っつかれちまう、なんてことは考えねえんだから。

根拠地と荷揚げ

根拠地はどの谷にも一つ　岩小屋が気楽でいい

オラア、カモシカ追い専門にやってる頃は、年とったら（正月になったら）もう二日か三日から山へ入ったわい。だからオラだいたい一年中大町にいたったから、暮れの三十日頃家（広津の自分の家）へ帰って、四、五日っかいなかったよ。それで三月一杯くらいやったわな。

カモシカ猟の一山（一回の出猟）はだいたい十日だ、長くて十五、六日。そうして一山終われば、いったん家（大町の下宿先）へ帰ってせ、二、三日休むこともあるし、一日も休めば出ることもあるし、五日ぐらいのこともある、天気次第だわい、雪の状態よ。

それで行く場所には順があるの。オレラはまっ先に篭川やるわけ、それから北葛をやって、こんだ高瀬の口元をやるわけ、葛温泉の付近の谷ね、そこやっちまったら、こんだ南の方へ、乳川へ入るわけ。雪は南の方へ順に多くなってくるだろう。その頃になると乳川の方も雪が多くなるから、あれは雪が多くなけりゃとれないいんだから、だから乳川はたいてえ二月の半ば。それから、高瀬の奥、そうして三月になってから、棒小屋から東谷の方だわい。

信州側はね、もう三月に入ると毛がとぶようになってだめ。こうね、毛の中に指二、三本つっ込んでひっぱってみれば分かるの、一本か二本、毛が抜けてくる。そうなったらもうだめだ、本節物でないって安く買いたたかれるわい。だから信州側は二月一杯でやっちゃって、三月に入ったら、岳（県境に連なる後立山連峰）越した向こう側へ入るわけ、棒小屋とか東谷へね。向こうの方へ行けば、まだ大丈夫だわい。

岳越した向こう側は富山の領分だから、東谷なんかでは、よく富山の衆と一緒になったよ。愛本《あいもと》の衆だ。あっちの衆は大掛かりにやったぜ、二人や三人じゃなかったよ、六人くれえでやっとった。三人くれえは山でやっとって、あと三人は荷背負いよ。とった肉も皮もみんな背負い出した。村まで遠いから一日じゃ着けないんだよ、途中で泊まらんと。

東谷も棒小屋も悪いとこだぜ。北葛も乳川もそうだけどせえ、山が悪いから、たんととれたの。やっぱり人があんまり行かねえから、山の悪いとこほど、たんといる。だけど高瀬でも北葛でも乳川でも、とれる数はいくらも違わなんだな、オレラは。まあ一山、十五、六はとらなきゃ商売になんない。

篭川だってオラア盛りにとる頃はね、十いくつとったかな、北葛は二十前後だな、高瀬は、あすこは大勢入ったから十二、三しかとれなんだな、幾組も入ったから。乳川へ行って十五、六は少なくもとった。それから棒小屋、東谷だろう、だから、いちばんとった年は八十いくつかとったよ。まあ、たいてえ二人か三人だったがな、少なくも五十はとらんと商売になんなかったよ、猟師では食えなんだな。

まあね、五十以上とるってことは楽じゃないぜ、よっぽど根を詰めなきゃ。天気の悪い日もあるだろう、だから、延べ百日くらい出なきゃとれないよ、三カ月出なけりゃとれないぜ。それで命がけの仕事だわい、毎日が。

オレは肉は売らなかったよ。そんなに欲かいたら、早く挙がっちまうわ、肉まで売って歩いたじゃ。そりゃあ、肉持ってきて、石油缶に入れて売って歩いた人もいるぜ。そういうのは、年に二つか三つっかとれねえやつよ。

テントでは気楽に寝てられない

根拠地は、小屋はね、乳川なら乳川、篭川なら篭川に一カ所しかないよ。その小屋はせえ、夏の間に自分たちで岩の下掘じくって造るせや。たいてえは岩の下せ。大きな岩じゃなきゃだめだよ、中で火焚いて寝るんだからさ。ナダレなんかの心配ない、雪でも雨でも困らんようなとこ見つけて、下を、めった掘じくって拵せえるだ。それから、ぐるりは青木の枝でも伐ってきて、おっ立てればいいだ。行った時、十日でも十五日でも寝れたらいいんだから。いい岩のないとこは、簡単な小屋造るだわい。簡単て言っても、親骨は丈夫に造らなきゃだめだぜ、雪深いとこだから。そうしてネズコ（クロベ。クロビとも言う。ヒノキ科）の皮むいて屋根葺いて拵せえるだ。

ただ北葛は、北葛沢に東京電力の見張り小屋があったんだ、水見の見張り小屋だ。これは冬は無人だから、それを使ったよ。

それで小屋造るとこのない滝ノ沢の口元なんかでやる時は、二、三年テントでやってみたことあるけど、とにかく、あれは雪がドンドンと降ったら、気楽に中で寝てらんないぜ。テント埋まったり、つぶれたりしたら、みんな窒息で死んじまうわい。だからテントでやる時は、時間交替で不寝番つけなきゃだめだ。テントの上の雪を、一時間おきなり、二時間おきに、払わなけりゃいけんわい。あれはえらいよ、とても、とても。

それより岩小屋がいちばん気楽だ。いくら火を焚いても心配ないし、テントの中じゃ火は焚けねえもの。だからね、テントでやる時は、寝起きするだけテントで、あとは火焚く岩の下が、そばになけりゃあだめよ。そこで火焚いて飯作って食って、暖まって、寝る時だけテントへ入る。岩の下がせまくって寝れない時だ。とにかく、火がなきゃ寒くてしょうがねえもの、零下二十度とか三十度とかになるんだから。冬山（ここではカモシカ狩りのこと）は海抜高いとこだからね。そのかわり、よーく暖まってシュラーフに入って寝れば、そのわりに寒くないよ、ぐるわが雪だから。

カモシカ追い、あんまり慣れねえうちに、雪洞《せつどう》掘ってやったことあるよ、十日くれえ、篭川の奥でね。それで九晩《ここのばん》、雪の中へ寝て、その時は、カモシカ二頭しかとりゃしなかったよ。倉繁とオレと、それからもう一人いたな。

雪の深いとこには頑丈な小屋

だけど、棒小屋ってとこは、東谷もね、うんとナダレの来るとこ。あすこは降って晴れたら、やなとこだぜ。大きいのがくるから、ヒラ（斜面）一面に持ってくるから、夜、寝ててもどっかでナダレてるぜ。ドドドドッて、爆撃されてるみたいだよ、まるっきり。あすこは、向こうの谷もこっちの谷も、やなとこだ。夜中に起こるやつは底ナダレってやつよ。夜になって雨でも来たら、おっかねえわい。底ナダレがいちばんおっかねえんだ。

あすこだよ、上高地の喜作（安曇野では有名な猟師）ってのが死んだのは。それだからオレは、川原から百五十メーターか二百メーターのとこへ、尾根へ小屋拵したわい。オラの小屋拵したとこは、いい場所よ、尾根でゴヨウマツの、うんと大きいのがあって、ぐるわは雑木がいっぱいあって、そのマツの根元に拵したんだわい。上の稜線から見ても、そのマツは見えるわ。

小屋は、親骨はツガの木の太いので組んであるから、ツガの木の芯は、なかなか腐らんしよ。それでもって、尺五寸おきに合掌に組んであるから、いくら雪降ったって、つぶれんよ。とにかく、雪の深えとこだから、頑丈に造ってあるんだわい。今でも、その小屋の親骨は残ってるって、関西電力の衆が言ってるよ。あんなものは、もう四十年は経ってるだろう、拵してから。

東谷も棒小屋も、出口（黒部川との合流点）は、いわゆる〝下ノ廊下〟よ。えらいとこだで、もう両側ビンカ（絶壁）で。棒小屋の出口は十字峡だ、向こうから剱《つるぎ》の谷が合流して。東沢の出口はS字峡だ。あっちはもう越中の分だからね、あっちまでは遠いから、なかなか、行くにえらいだわ。

こっちから東谷へ行くには、扇沢を詰めて、種池《たねいけ》ってとこへ登って、冷《つべた》〔池〕の小屋へ出て、鹿島槍の南峰と牛首〔山〕の間を降りるだ。悪いとこだわい。どこでも下へ降りるってわけにはいかないよ。真冬、こっちから、そこを通ってったのは、オレ

棒小屋沢。カモシカは多いが悪場の連続で、
冬はナダレの巣といわれている

ラの時分では、どこの誰（自分のこと）しかいないぜ、本当だぜ。オラ、初めてそこへ倉繁に連れてかれた時、もう春先だったけどせえ、こりゃあ、えらいとこへ来ちゃったなあ、と思ったぜ。

扇沢詰めて、種池のとこへ登るに、そこ、おっかねえんだよ。ナダレのくるとこがあるだわい。だから、朝うんと早く、夜の明けねえうちに大町を出て、お日さんの出ないうちに登っちまわないとだめ。そうして、そこからちょっと棒小屋乗越へ寄った方に尾根が来てるだ、棒小屋へは、その尾根を降りてくんだ。東谷へは、たいてえ、棒小屋に一晩泊まってから行くだわい、その方が楽だから。

それで毎年行ってた頃は、春五月行って、小屋を修理してくるだよ。雨の漏るようなとこは新しい皮（クロベの木の皮）むいて、掛けてくるだよ。五月頃じゃないと、秋になったんじゃ、木の皮むけないから。そうして食糧は秋に背負ってっとくの。大変だよ、計画的な仕事だよ。そんなに簡単に、その時だけ、ちょいっと行ってやるなんてわけにいかないよ、あすこらでカモシカ追いやるってのは。

食糧は秋のうちに揚げて　カモシカとれれば肉づくめ

だいたい小屋のある場所は、少ないとこで十日だな、多いとこは十五日くれえ、それだけいなけりゃあ、その付近のやつは全部とれないわい。それでも多少は残るぜ。だから、だいたい自分のとれると思うだけ、そこでとれば、ほかへ、次へ行くわけ。置いた物持ってくるようなわけにゃいかんでね。

まあ、やっぱし、やるやつが大勢いた頃は、どうしても奥へ行かなきゃだめだったな、口元は誰だってみんなやるから。だから奥の方のいい場所に小屋拵しとくんだわい。それで食糧は秋のうちに揚げとくの。米、味噌、ネギ、それだけはもう十一月に荷揚げしちまう。どこの夕（猟場の意）へ行っても、小屋は一カ所だから、そこへ揚げとくの。それで薪まで、ちゃんと切って積んどくんだよ、秋のうちに。小屋がいくつもあるんだから、カモシカ狩りやる時は、秋は忙しいんだわい。

それで、薪は足らん分は、行ってからちょいちょい伐るの。十五日もいて、一晩中、トコトコトコトコ小屋ん中で焚いてなけりゃ、寒くて眠れねえから、薪もたんと要るだわい。だから、そういうことも、やらんけりゃあだめせや。

鍋釜はもう、どの小屋にも置いてあるだ。どっか、人に見つからんようなとこに、隠しとくの。飯盒なんかはね、山へ入る時、何かちょっとしたもの入れて持ってったな。それで、荷揚げした食糧は、石油缶に入れて、大きい木の高い枝に、三メーターぐらい上がったところに、針金でしっかり、つけとかなけりゃだめだよ。どうかすると、クマにやられるだわ。

ところがね、それをクマじゃなくて、人間に盗まれることがあるだ、二回あるよ。あるもんと思って行ったら、ねえんだわい、木へつけといたやつが。慌てちゃって、「こりゃあ　オイ　だめだ　食い物なくちゃいられんぞ」って、すぐ引っ返して持ってったことあるだでやあ。

一ぺんは、炭焚きの窯の中へ隠しといたんだわ。それを盗《と》られちゃった。雪の上の足形追ってって盗りやがったんだ。オレラが荷揚げした後、すぐ行って盗ったんだ。後で分かったが、カモシカ狩りやる野郎どもだわい。そんなやつは、食糧持って何日も山にこもってカモシカとるなんて連中じゃなく、ちょっと行ってとって来ようなんてナマクラ者だ。乞食野郎だわい。カモシカなんかとれねえ奴だわい。

米は秋、二斗背負ってっとくの。だけどカモシカとれれば、米は余って困るだわい。カモシカの肉を一日に、一人でもって何キロも食うんだから。だけど、カモシカの肉を予定して、米揚げとかねえなんてことしたらだめだよ。もう、とれねえことを仮定して、米は一人一日三合なら三合の計算で、ちゃんと余分もみて揚げとかなきゃだめだ。どんなことあるか分かんねえだから、山では。

カモシカとれれば、夜は火焚いて焼き肉だわい。遅くまで、ドンドンチンチン火焚いて焼いて、食いほうけ（食いたいだけ）食うだわい。オレは飲まんたって、ほかの連中は好きだから、焼酎飲んで。まあ、たんとは飲ませんよ、コップ一杯。たんと飲んだら、あくる日は出られなくなるといかんで、それで一杯しか飲ませねえ。

そのかわり肉は、いくらだって、うんと食うの、一人で何キロでも食うわい。夜なんて、飯はほんのちょびっと食うだけ。まあ、肉っきりみてえもんだわい。朝は、まあ飯食うだ。だけど朝だってまた肉煮て食うだよ、肉づくめだぜ。それで、夜、肉をたんと食って、朝も食うと腹へらないよ。肉は腹もちいいわい。

だから、昼の弁当は、野郎どもはカモシカのレバーを塩焼きにしといて、それ持ってって食ったわい。それっきりよ、ムスビなんか食わねえ。オレはムスビ、オレはあいうものは余計食わないんだよ。まあ、たまにはちょびっと食ったことはあるが、毎日、握り飯一つっきり。カモシカなんて、たいてえ、もう午前中にとっちゃうんだから、昼飯なんて、余計背負ってかなくていいんだ。

だから、本当に米は減らないの。オレラ、たいてえ、どの小屋でも、米一斗くれえは残ったよ、毎年。それまた翌年行って食べたけどせえ、残った米はやっぱり木につけとくけど、どうかすると、それもクマのやつにやられるし、やるやつはクマきりってわけじゃねえだろう、だから困るせやあ。残った米が、かならずあるって保証はねえだから。一斗残ってるとこへ、二斗背負ってったら、こんだ二斗も残るって勘定になるだから、その調整に困るだわい。

山の神

それで、秋、まっ先に山へ入る時、荷揚げの時だ、そん時は、尾頭付き二匹持ってって山の神様に上げるの、お酒も小ビンで持って行って。そうして「今年も山へ入りますから　ケガのないように　事故のないように　よろしくお願いします」と、みんなで拝んで、お下がりのお酒を飲むんだわい。魚はなんでもいいんだわい、尾頭付きでありさえしりゃあ。オレラは、たいてえイワシ二匹、干したやつ上げたが、煮干し二匹って人もいたよ。それでもいいんだわい。

昔は、そのほかに毎年、剣《けん》てものを上げたんだよ。鍛冶屋さんに板金で剣の形に造ってもらって、これも二枚上げたんだよ。ところが、そういうものも、だんだん、いいから加減になってきて、二年に一ぺん、三年に一ぺんになって、今は上げる人ないわ。

山の神様は、乳川は釣魚沢の合流の手前、高瀬は葛温泉、篭川と北葛は野口の大出《おおいで》ってとこにあるだ。今もあるよ。棒小屋はせ、神様はないが、こちらでもって、剣を

山の神。奉納された剣も見える

二枚拵して持ってって、オレラの小屋のとこの、ゴヨウマツの大きな木に、皮をちょっと削って、そこに釘で打ちつけて祀ったわい。たまにちょこっとしか行かねえようなとこはやらないが、小屋掛けて根拠地にして、十日も十五日も、そこでやるようなとこは、かならず山の神にお参りしたわい。

昔はさあ、山へ入るにも、歌うたっちゃいけねえとか、朝、お汁《つゆ》かけて飯食っちゃいかんとかさあ、出がけにウソ吹いて行っちゃいかんとかさあ、そういう面倒なこと、いろいろあったんだよ。厳しかったらしいよ、それは。だけど、オレラはもう、そういうこと、あまり気にしなかったな。オレラはいつでも、平気で歌うたってたよ、もう。

林平ってのは、バクチやるだけあって、縁起かついだな。日の悪い日には山へ入んなかった。仏滅とか三隣亡《さんりんぼう》とかってあるだろう、そういう日は嫌ったな。それでね、二の日とか八の日とか、そういう日にしか山に入んないの、山へ泊まりに入る時は。倉繁ってのはまた変わってんだ、〝一《いっ》・九《く》・十七《じゅうしち》、帰らずの二十五日〟って言ってね、その日は絶対に山へ行かないの。どういうことだか分からねえが、なにか山の神様がどうとかこうとか言ってたな。今はそんなこと誰も言わない。

カモシカ狩り・そもそもの初めから

初めは肉食いたくてやった

カモシカも、最初は皮売って金にしるなんてことが目的じゃなくて、オレ、肉食いてえばっかりでやったぜ、あれとれば、さんざん肉食えるで。まあ、そんなもんだったわい。オレがいちばん最初にカモシカとりに行ったのは、木曽の駒ヶ岳せ。まあ、連れてってもらったわけだけどせえ。

オレ、若くって木曽あたりへ土方に行ってる時、ちょうど泊まってた家のオヤジが、カモシカ狩りの親方やっとったんだよ。オラ、それ知らんで、朝早くに、犬連れてトビ（トビグチ。昔、アルプス一帯の猟師やガイドがピッケル代わりに使った刃の長い特殊なもの）持って行くで、おかしいな、トビ持って今頃、駒ヶ岳へ行くてえなあ、何しに行くんだろうと思ってな、その人にきいただ、オレ、雨降って休んでたから。

「オヤジ　昨日　山へトビ持って行ったが　何行ったんだ」「カモシカとりに行ったんだ」「なんだ　今　カモシカとれるかい」「ああ　とれる　とれる　カモシカ　今がやっこくてうまいぞ　昨日な　犬が　やなとこへカモシカ追い落としちゃって　犬が

まだ帰ってこなんで　迎えに行かなくちゃいけねえんだが　雨っ降りで困ってるだ」って話したわい。

それで、「そうかい　よし　それじゃあ　明日天気になったら　犬探しに連れてってくれや」「よし　よし」ってことで、あくる日、そこのオヤジと、やなとこへカモシカ追い込んだってとこへ、犬探しに行ったんだわい。そうしたら、犬がちゃんと追い込んでね、てめえも出られねえ、カモシカも出られねえってとこで、ちゃんと二つでいるんだ。えらいもんだで、二晩もそうしてんだから。あれはいい犬だったわい。

それで大将、カモシカうったわい。そうしてザイルで降りてさ、カモシカ谷底へ落として、犬抱いてきたわい。それからぐるっと回って谷底へ降りて、カモシカ背負ってきて、その時初めて、カモシカの肉ってものを食わしてもらったんだわい。まだ二十歳になったかならん頃だ。それから、カモシカ狩りってのやるようになったんだわい。だけど、二、三年なんてものは、人にちょびちょび連れてってもらったくれえのもんだ。

こっちでは、倉繁と一緒に行ったのが、最初じゃねえかや。倉繁ってのは、なかなか巧者な男でな、昔は山歩くの上手で、鉄砲も上手、ありゃあ、まあ猟師で飯食った人ってもんだわい。大物もやったがな、キジやウサギとって、それみんな売って食ってたんだ。オレが知った頃は、もうへえ年でな、大物はたんとやんなかったな。初めて倉繁とキジうちに行った頃は、キジが一羽、メスで三十五銭、オスが五十銭くらいしたかや。倉繁は一猟期に、キジ、ヤマドリで百二、三十羽はとったぜ。とにかく大町では、トリうちでは最高だったな。舞ってるやつ、ポンポンとうち落としたよ。あれはもう、トリうち専門みてえだったな。

面白え男でね、もう山へ行って、目的地に着いたら弁当食っちゃうんだから、すぐ。「こんなもの背負ってたら　重くていかん」とかって、「腹入れた方がいい」とかってこいて。「これから　山夕方まで歩くにどうする　腹へって動けんじゃねえか」「いや　大丈夫だ　腹へ入ってるんだから　時間早い遅いだけのこんで　同じことだ」ってこいて。ほんでね、飯食っても食わんでも、一羽とれば、ウサギでもヤマドリでも、さっさと家へ来ちゃって、それすぐ金にしちゃう。すぐ売って米にしちゃうの。だから、かわいそうな男だったよ。オレも若い頃、鉄砲さんざ一緒にやったがね、もう、仲間でカモシカとっても、今日とって来たら、あくる日には金にしなくちゃいけねえから、いくらでも、安くっても売っちゃうの。「オイ　とって来たから買ってくれや」とかね、「米と替えてくれや」とかね、だから、安く買いたたかれちゃうの。まあ、仕方ねえさ、あの男は旅の者（よそから来て住みついた人の意）で、貧乏だったから。オラだって貧乏だったけどさあ、家もあったし、畑も山もあったから、同じ貧乏でも違うんだ。あの男は借家住まいで、もう本当のその日暮らしだったんだから。それで焼酎好きでせえ、だから死ぬまで貧乏だったわ。

あれは越後の人間で、いちばん最初は松本に出て、車引きかなんかしとって、それで、なんかでこっち来て居ついちゃった者だ。だから、言葉もちょっと違ったわな、いろいろ、面白え言葉使ったよ。お前ってこと、オマンなんて言ってせえ。

一匹前になるまで

カモシカは倉繁と始めたんだけど、やっぱし倉繁は年してる（年とってる）から、冬山では一緒に山へ入っても、オリャ歯痒いだわ。だけど、よくクマうちだカモシカとりだって一緒に行っちゃあ、やったわい。だけどカモシカは何べんも行きゃあしねえな。そのうちに、倉繁の体の調子が悪くなっちゃったから、行かなくなったんだわい。

オレはもうその頃は、倉繁とばっかりじゃなく、ほかに仲間拵《こ》してやったよ。その頃は、カモシカ追いってば、こっちでは遠山系統が幅利かしとって、あすこの者は、みんな夏はイワナ釣り、冬はカモシカとりでもって食ってたんだよ。学校さがりゃあ（卒業すれば）、すぐイワナ釣り行っちゃあ、山で焚き物伐ったり、魚焼いたりしてせえ、冬はカモシカとりの荷背負いよ。

それでオレも若い時分にゃ、あの連中とやったわい。それだで、初めのうちは、一緒になんて行きゃしねえわい、あの連中、オレなんて相手にもしやあしねえだもの。ほかに仲間があったから、クマ狩りでもカモシカ狩りでも、オラ別に仲間拵してやったんだわい。そうしたら、あの連中も、仲間が死んだりして減ってきたもんで、一緒にやるようになったんだわい。

オラ、遠山系統とかね、倉繁とか、そういう年した衆から、猟のこと教わりたくてやったんだ、山覚えたくって、それで行ったんだ。オラ、そういうわけでせえ、金目当てでやったわけじゃねえから、その時分は、いくらでも、よこすだけ貰って一緒にやってただ。

林平とは何年もやったよ。林平はほかに一緒にやる者がいねえで、こんだオレに「ワレ　一緒にやれや」って言うもんで、先《せん》にイワナ釣り一緒にやったもんで、やだって逃げるわけにいかねえもの。オレはもう、その頃は、カモシカ猟専門にやってたよ。だけど、まだ林平の方が上だったし、それで一緒にやっただ。まあそのおかげで、みんな山も覚えたし、カモシカとりも覚えたってもんだ。

林平は子分だ子分だって言ってたけど、オレは荷背負いやなんかじゃなかったよ、仲間としてやったんだよ。だから、林平だって、その時分は、分け前ちゃんとくれたよ。皮売って金くれる時は、ちったあゴマすった（ゴマかした）かどうかしたかも知れねえが、皮で分けた時は、そんなことしなかったよ。そんなことしたら、オラ一緒になんかやらねえもの。それで、オラアその頃から皮売るとこあるで、皮でとった時の方が多かったわい。

まあ、林平と分かれてカモシカ狩りやるようになったのは、オレ、いい犬拵してからだわい。それと、遠山系統とは、おっかなくって一緒にやってられねえんだわ。やっぱり密猟だもんで、あんな連中とやってりゃあ、危なくて、危なくて、警察が目つけてるから。あの連中はしょっちゅう、挙がったぜ。

あのムラにはイセム（やっかむ）者があってさ、夜、暗くなってソリでひいてきて、こっそり家へ持ち込むのを見といて、すぐさま警察に知らしてさ、朝、へえ、すぐ夜明け、警察がとんで来るだ。ああいうことをムラでやるもんでないぜ、すぐ分かるでね、あんなもの。持ってきた者も、誰にしか見られてねえってこと分かってるでね、あの奴が指《さ》したってこと、すぐ分かるだ。

隣近所にいてさ、毎日顔見合わしている者が、イセンでああいうことをする。てめえは、若え時分、たんととっていて、それも、カモシカは大正十三年から、とっちゃいかんことになってるだで、てめえだって、さんざ密猟やってさ、それが年で、とりに行きえなくなったから、人を指すってだあべ、やなもんだぜ。そういうこともあってせえ、オラ、まあ独立したってもんだわい。

それで昔はさ、カモシカとりなんかでも、いろんな人が居《お》ってさ、自分だけたんとって、連れてった者には、ほんのアテガイブチなんてことする人も居ったけどせえ、あれはね、昔はみんな食うに困ったから、あんなことしたんだわい。金があってやったことじゃあねえ、だからまあ、仕方ねえんだわ。

一匹前になってから

だけど、オラ、一匹前になって、人とやるようになっても、親方も子方《こかた》もなかったよ。二人でやっても、三人でやっても、いくらに売れたから、いくらってことで平等に分けたよ。自分が親方だからって、たんととるなんてことしなかったよ。だけど、荷背負い専門なんて者は、たまに連れてくだけだから、一日いくら、一回いくらってことでやったこともあるよ。それでも、荷背負いでもせえ、山好きで、ずっとオレラと一緒にいて、荷背負いの合間にカモシカ追いに出た者には、ちゃんと分け前出したぜ、平等に。

まあ、荷背負いったって、乳川でやった時だけだわ。あすこは小屋までは危険な場所がねえでさあ、だからやらしたけど、ほかのとこは出てきたり入ったりするに危険な場所があるから、往き来の途中で落って、死にでもしられりゃあ、それこそ困るだで、みんなで一緒に入って、一緒に帰ってきたんだわい。

カモシカ追いの場所は、とてもとても、簡単に誰でも歩けるようなとこじゃないぜ。みんなオレが、ずーっと連れて歩いて、ほれそっちへ行け、あっち行けで、みんな指図しなけりゃあ、危険なとこがあって、下がカンカンに凍って、カンジキの爪も入らんようなとこがあるんだから、そんなとこへ、若えやつ、おっぱなしてやれねえわい。カモシカ追い連れてって殺したなんてったら、ええこったわい。オレはそれだけ気をつけたから、ほかの組では、ケガしたの死んだのってあったけど、オラ組にはなかったわい。

オレ、今、遭難救助隊の副隊長やってる勝野（勝野銀一）なんか、何年も連れてったあぜ。勝野には、いちばん最初は荷背負いやらして、その合《あい》さ（合間）に追いやらしただ。だって野郎まだ学校終えたばっかりの時だもの。それから十年も連れて歩いただから、山を覚えたし、山の見方もできるようになったし、山も強くなったわけさ、

タヌキのチョッキを着てリュックを背負い、
銃を手に家を出る鬼窪さん

オレのおかげだわい。

　オラ、勝野には荷背負いの時でも、分け前ちゃんとやったぜ。曽根原連れてった時（「吹雪とナダレ」の〝冬山は慣れない者には無理〟参照）だって、二つとったから、皮一枚やったぜ。オラ、人を騙かしたり、ごまかしたりしたことはないぜ。猟師なんて者はね、そんなことしちゃあだめだ。山へ入る者は、そういうことしちゃいけねえ。

　オレラの頃だって、本職の大物猟師は少なかったよ。鉄砲持ってても、たいていみんなキジうち、ウサギうちだ。カモシカなんか、やることはあっても、いくらもとりえねえ。まあ、本職で猟師やったってのは、富士弥、林平、それから銀重（西沢銀重）ってのがいたな、それから倉繁だ。そのくれえのもんだったわい、大町では。

　銀重は高瀬入りと黒部で、黒部は東沢だ。富士弥は黒部の方から、高瀬の方、篭川の方、そこら中、ちょびちょび歩った。林平は篭川から高瀬、黒部にも行ったよ。そんなこんで、もうオレラやる頃には、所場ってのはあったけど、もうへえ、そこは誰っきり入れねえってわけのもんじゃなかったよ。それで谷はいくつもあってせ、カモシカ追う組ってか仲間ってか、それもいくつもあったずら、そうしりゃあ、てんでに、いちばんいいとこへ早く入りたいんだわい、誰だって。それを争って入ったから、まあ、誰の所場って言ってもせえ、あってないようなもんだったんだわい。

オレ、林平と分かれてっから、林平がオレの所場だって言ってる高瀬へ入って、おどしあげられたことあるぜ。あったけどせえ、あれは、オレラの組がたんととって、林平の方はとれなかったもんで、それで面白くなくって、オレに文句つけたんだわい。文句言われたって、そんなもの、後、また一緒にやったし、高瀬だって篭川だって広いだから、どこへでも入ってやってたわい、やめやしねえ。

オレがカモシカ追い専門にやる頃は、銀重は足悪くしてだめ、富士弥も年いってたから、まあ、いちばんたんととったのは林平とオレだな。林平はたんととってるよ。ほかの衆は、山を知らねえっていうか、猟が下手だっていうか、いくらもとれえなんだな。まあ、専門にやっても、あれずら、オレラの三分の一とれたかとれねえかだぞ。

まあ、オレがカモシカ追い始めた頃は、皮も安かったよ。一枚がね、ナメシてあって、三千円くれえのもんだったな。終戦後しばらくはそんなもんだった。それから、終《しめ》えに一万五千円から、いい皮で二万円になったわな。まあ、主《おも》、一万五千円くれえ、それで何年も売ってたわい。ナメシ屋に二千円か三千円とられたかな。ナメシ屋によっちゃあ、まあ、足元見て、高くとったとこもあるけどせえ、オレのナメシ屋はそんな高くとらなかったな。なんしろ、オレはたんと持ってくから安くやってくれたわい。

猟の服装と鉄砲

昔は、オレラ鉄砲うち始めた頃は、ここら（広津）でウサギやトリとってた頃は、着る物なんか普通の野良着だったわい。ヨッコギってもん履いて、上は筒袖の半てんよ。それにシッペ（ワラジ式の浅いワラ靴）履いてやったよ。最初は素足にシッペ履いたけど、足すっていけなんだから、オレはオゾイ（履き古した）足袋《たび》みたいなもの履いて、その上に履いたわ。それにミゴハバキ（ワラの芯で編んだ脚絆）ってのつけたんだわい。

まあ、戦前はそんなもんだったわい。それでシッペもミゴハバキも濡れたらだめ、そりゃあもう、どうにもならんわい。夕方になると、ヨッコギまで凍って、ガリガリになってくるし。それでヨッコギってのは、モンペみてえもんで、股がうんと開いていいんだけどせ、あれ山袴《やまばかま》って言うくらいだから、脇が腰のあたりまで開いてるずら、だからカモシカ追いやる時は、雪が深いから、あすこから中へ入ってだめなんだ。だから雪の入らんように脇を縫っちまわなきゃだめだ。

それで終戦後は、兵隊服着てやったけど、あれはいいんだけど、やっぱり木綿だで、濡れて凍みたらどうしょうもねえ。だから、そのうちに、アメリカさんの払い下げみたいな毛のうんといいズボン売ってたから、それ買って履いたよ。あれはよかった。それで、もうその頃は、ゴムの長靴も出てきてね、それ履いてやったわい。ゴムは冷たいことは冷たいけど、濡れねえし凍らないからいいわ。あれ履いて、上を紐でクルクルッと縛っちゃって、深い雪でも入らんように、そうしてやったよ。

シュラーフも買ったよ。やっぱりアメリカさんの払い下げよ。あれはよかった、テントなんかで泊まる時は。それでも、あんな中古の払い下げでも、四、五千円とられたぞ。ところがね、あのアメリカさんのシュラーフで、一ぺん、やな目にあったぜ。

山でもって、関西電力の衆が盗まれてよ、そんで、オレラがカモシカ追いで入るもんで、オレラに嫌疑がかかってな、警察が来てよ、「シュラーフってもの持ってるか」ってわけよ。「ああ持ってる」って、出して見したところが、関電の衆のは、中にハンコが押してあったらしいわ、それがないもんで、「やあ失礼した」なんて言って帰ったが、誰か、オレラが盗んだって言ったらしいんだわい。

まあ、山へ入って誰か悪さしても、あれら、ずっと山へ入ってるで、あれらやったんじゃねえかとか、中にはイセミでもってね、あれら山へ入って盗伐して火焚いてるなんてようなことまで営林署に言った者までいるんだでやあ、そんな根性の小せえやつがいるだぜ。

それから、鉄砲は村田銃、二十五年使ったよ。いい鉄砲だったわい。中古を買ったんだ。いちばん最初に買ったのは、二連銃、トリやウサギ専門よ。あんなもなあ、二、三年使ったかや。それから、その村田銃買ったんだわい。もう戦争中で、新品の鉄砲なんか、買いたくも、なかったんだわい。それで、二十四番（銃の口径を示すもので、数字の小さいものほど口径が大きい）だから、クマでもなんでもうったわい。当たりはよかったぜ。

どんなとこでもワカンとトビだけ　トビは命の親だ

それでカモシカ追いやってる時は、冬山でも春山でもワカン（ワカンジキ）とトビっきり。ワカンは長え歯のついた、うんと頑丈なやつ。トビは鍛冶屋さんに頼んでうってもらった長い穂のついたやつせ。オレラ、穂って言ったけど、刃だな、五寸もあるやつだ。それでどういう氷っきりの長いところでも、それから氷のうんと急な斜面でも歩いたよ。

オレは夏でも冬でも、山ではトビは放さないんだ、ガイドやってる時でも。オレはずーっとそれでやってきたんだわい。だけど、トビの先だけは、いつでも、とがらし

長い歯のついた頑丈なカンジキ

命の親という愛用のトビグチ。先は鈍く、昔日の面影はない。
柄には雪道標識のラワンのポールが使われている

とかなきゃいけないぜ。今のオラのトビみてえもんじゃだめだよ。あれはもうへえ、オラ氷っきりの危ねえようなとこには行かないから、あれでいいだわい。柄の長さは、だいたい背の高さってもんだな。だけど、それじゃ長すぎるって、自分の鼻面あたりでとめてる人もいるよ。オレは自分の背の高さだ。それがオレには、いちばん使いやすい。

柄はダケカンバだよ。あれが、寒い雪の中でつかんで、いちばん温かくっていいの。普通の人はナラで作るよ。あれは強いことは強いけど、重たいし、手に冷たいの。そんだから、オレは木は弱いけど、ダケカンバで作ったよ。オレはずーっとそれでやってきて、使って折れたってことはなかったよ。

それでガイドなんかやってると、お客さんの知らん者はね、トビの穂をしっかり見もしなんで、「オジサン　今　鎌持って　何とるの」って、「これは鎌じゃないよ　ピッケル代わりのトビグチだよ」って言えば、「ヘエー　そんなもんでピッケルの代わりになるの」って、参った、これにゃあ。

トビはオレにゃあ、命の親だわい。だからオレは放さねえが、普通の人は、あんなもの持って歩くのじゃまだって言うんだわい、長くて。それで、この頃のお客さんは、ピッケル持つのもじゃまだって人いるぜ。冬山、春山へピッケル持たずに来る人いるよ。あんな者は、山へ来る資格ないわ。そういう人、多くなったよ、今は。だから遭難も多いんだわい。だけどね、ピッケル持ってても、慣れねえ人は、氷や雪の上で辷《すべ》っても、とっさに打ち返すってことできないの。辷ったらおどけて、アーッと言うだけで落ってっちゃうの。

オレね、山小屋にいたアルバイトでよ、一緒に、大型連休に三俣へ行ったんだ。帰りに降りてくる時に、一カ所やなところがあんの。そこで、「お前　ここは気をつけろ」って言って、オレ、先へちょっと降りたら、野郎、案の定、落ってきたの。オレはすぐさまトビで止めたけど、野郎にはピッケル持たしといたんだけど、慣れねえから、すぐさま自分で止める要領ができないわけだ。

あれ、オレが下にいたからよかったんだよ。オレが下にいて止めなかったら、死んでしまったよ。その下は十五メーターか二十メーターの絶壁で、下は岩だったたんだぜ。あんなもん落ったら助からんぜ。それで野郎、それっきり山へ行かねえや、命拾ったから、もう山へは行かねえって。もう、こんだ拾えねえといけねえからって。

犬を使うカモシカ狩り

いい犬がいたら猟師は楽なもんだ

カモシカ猟はね、もう、いい犬いたら、猟師は楽なもんだ。オレも一ぺん、いい犬飼ってみたわい、イチって犬だけどせえ、カモシカ追いってのは、たいてえ沢筋行って、高いとこにいるやつ見つけるんだけど、もう見つけたら、沢の底に待ってりゃいいんだ、いい犬持ってりゃあ。

いい犬は、ちゃんと心得てて、下へマクリ落としてくる、目の前へ落としてくるぜ。オランチの（うちの）イチなんてのは、もう、オラが知らんでいる間に、ちゃんと知って、カンカンカンと落としてくる。谷筋歩いて見えねえ時は、山連れて歩くから、ちゃんと風で臭いとって、すっとんでっちまう。あの犬だったら、足跡へなんかかけたら、もう絶対逃がさんぜ、朝かけたら、いくら手間がかかっても、夕方までには、かならず止めてるから。

だから、いくら悪いとこでも、いくら尾根の陰へ行っても、止めて鳴いてるから、どうしたって、足跡順にたずねてって、声聞きながら、追ってかなきゃいかんのだわい。かならず止めてるから、絶対はずさなかったから、あの犬だけは。あのようなのが、何匹もいたら、カモシカ、もう絶えちまうってくれえなもんだわい。いたのは、みんなとっちゃうんだから。

それでね、てめえで食《く》っつかれねえ（食いつけない）とこでは止めてるけど、食っつかれるとこでは、みんな咬み殺してあるの、オレ行ってみるに。咬み殺して、そのそばでもって、もう疲れちゃって、たまに、ホー、ハーって鳴いてるわい。咬みころばすってことは、やっぱり悪いところじゃ咬みつけないから、谷底の川原になったようなとこへ追い落としてさ、そこでもって格闘しるわけ。そうして、そこでかならず咬み殺してある。首へ咬みついて、咬みついたら、ひきずられたって何したって、放さなかったぜ、あの犬は。やあ、えらかったな。

それでせえ、そいつは一ぺん、カモシカと格闘して、角で突かれて、腸が出ちまったことあるだよ。それで小屋へ抱いてきて、腸を押し込んで、木綿針で縫ったことあるだでやあ。

そん時はね、川の、水の中へカモシカとび込んじゃったわけ、それへ行ってとびついたんだけど、カモシカは脚が長いから、底に脚がついてるんだけどせえ、ウチのやつは小さいから、柴犬の系統だったからね、脚は短いから、泳いでいるわけよ。自由が利かねえんだわい。それで角でサクラレ（サクル＝本来は地面に浅い溝を掘ること。この場合は切り裂くこと）ちゃったんだ。それでも、そのキズ縫ってやったら、二、三日休んだっきりで、もうドッドッと追ったよ。えらい犬だったぜ、ケモノ見たら、もう、何でも咬みついて放さねえやつだった。

山へ連れてったら、もうへえ、目の色が変わっちゃうんだから、カモシカとりつけたら。そりゃあもう、勘もよかったよ。大きな何百メーターもある谷が、ずーっと山へ続いてるだろう、そういうとこ歩いてても、ずっと上をカモシカのやつ横切って、コロコロコロコロと雪ころばしてくるだろう。そうすると、その雪を嗅いだだけで、もうパーッととび出してっちゃうんだから。オレは、なんで犬がとんでくかと思って、下で見てるくれえなんだから。そんな犬だったよ。

カザトル犬

足跡ばかり嗅いで追うんじゃないの、風に、どっかからカモシカの臭いが乗ってくりゃあ、もうへえ、パーッとそっちへ、すっとんでっちゃうんだわい。カザトル犬だ。遠くから、風に乗ってくるケダモノの臭いを嗅いで、もうそっちすっとんでく、そういう犬をカザトル犬って言うだ。そういうやつは、高っ鼻しるぜ、ちょっと足を止めて。そういう犬だったから、オリャア、ほかの衆みてえに、黒斑見つけて、カモシカのラッセル跡に犬を入れる、なんてことしなんでいいんだ。普通はみんなそうするんせやあ。

もうね、どっからかカモシカの臭いが風に乗ってきたら、そっちへ一直線にとんでくやつでなけりゃあだめだ。カモシカに先にガンヅカレ（勘づかれ）ちまったら、もうへえ、よほどいい場所でなけりゃ、とれねえんだ、犬だって。ガンヅカレねえうちに、先にとびつけて、ガンガンと鳴き出しゃあ、カモシカはおっかなくなって止まっちゃうんだから。犬がそばへ来てね、グワッグワッグワッグワッとやれば、カモシカは止まっちゃう。そばへ来たって黙ってりゃだめだよ。激しくうんと鳴かなきゃ。

そうしてカモシカ止めたら、にらめっこしてるんだ。そうして犬はカモシカより利口だから、鳴きながら、カモシカの周りをクルックルックルックルッ回るから、カモシカ、そのうちに目が回っちゃうんだ。そこをとびつくんだわい。そりゃもう、いい芸やってくれたわい、イチってのは。あれはね、もうケモノ追ってってたら、どんなとこでも行っちゃって、カモシカ止めたら、もうオレラが行くまで待ってるの。

あれは乳川だったたな。カモシカ追ってってたんだけど、吹雪でもって、尾根へ出たら、カモシカの足跡も犬の足跡も見えなくなっちゃったの。どこへ行ったか分からないの。犬がどっかで鳴いていても、吹雪でもって、もうオレラに聞こえねえんだわい。それで、「オイ　もう　こりゃあだめだぞ　今日は」ってことで、諦めて小屋に来て、またあくる日行ったんだわ、引き返した尾根まで。そうしたら、やっと犬の声がかすかに聞こえたわい。それで「どっちで鳴いてるか　よく聞けよ」って言って、その声をたよりに、順にヒラ（斜面）を横巻きに巻いてってみたんだわい。

そうしたら、二尾根も向こうの陰で鳴いてたんだ。あれでも、五百メーターばかりのとこへ行ったら、カモシカ止まってるとこも、犬のいるとこも分かったわい。岩場にカモシカ止めて、犬は二、三間離れたとこに鳴いとったわい。ところが、あすこにいたが、「さあ　こりゃあ　横からみで行ったじゃ　悪いとこあって　とても行かれない」「どうするだ」ってわけよ。とにかく下の谷へ降りろってわけで、二百メーターばかり降りた、そうしたら、その先が絶壁で、二、三十メーターのタナ（鬼窪さんは下が抉《えぐ》れたようになった岩壁をタナと言う）よ。降りられねえんだ。

その時はロープ持ってねえんだ。「さあ　だめだ　どうすっだ」ってわけ。ところが、よかった、一人ノコギリ背負ってたんだ。それで岩のへりにあった、このくれえ（一抱えくらい）の木を伐り倒した。下へ、ドーンと逆さに。その木を伝って、なんとか下の川原に降りたわい。それでやっと、カモシカのいるとこへ、かき上がってうった。へえ、その時は暗くなってきて、筒から火の出るのが見えたよ。

それで「オイ　なんとしても　こりゃあ　小屋まで持ってかなきゃいけねえ　この沢せえ　めった下へ行きゃあ　小屋へ行くから　オレ知ってるから　大丈夫だから　とにかくハラだけ出しちゃえ」と、ハラを掻き出して、犬に血飲ましてよ、それでオレが三人分の鉄砲背負って、ほかの二人は、交替でカモシカ、首っ掛けで背負ってよ、暗くなって手間かかったけど、なんとか小屋へ来たわい。そういうことあったよ。

そういう時はね、犬は一晩中、そこにいるんだ。カモシカは、うんと悪場に追い込まれて、犬に鳴かれてたら、三日くらいは動かない、そこにいる。だから、いい犬だったら、犬置いてあくる日行っても大丈夫。

それでね、あいつは、カモシカ見つけたら、もう目の色かえてガンガンと追って、どんな悪場でもノケ（抜け）てっちゃう、もうてめえの命なんて考えねえんだ。

あれは、やっぱり乳川だったな、奥へ行って左の沢だ。そこに、いつもカモシカのいる場所があるの、そこを見てね、「ああ　こりゃだめだ　いねえや　今日はアブレだぞ」なんて言って、尾根をそろそろ降り始めたら、オレの犬が、すぐオレの足元にいたやつが、急にとび出して、カンカンカンカンカンと鳴きあげるじゃねえか。そうしてガンガンと追って止めた。

それでオレ、痩せ尾根のやなとこを、雪の上を鉄砲だけ背負って、カンジキ脱いで這ってさ、絶壁の鼻っ先へ行って、覗いてみたら、途中のやなとこにカモシカ立ってんだよ。それでカモシカぶち落としたんだわ。ところがさ、その絶壁が簡単に降りてかれるなんてもんじゃないの。そこをさ、犬は、カモシカ落ってってたら、それ追って、一緒に舞うように降りてったよ。

それで、もう今日はとてもだめだから、明日の朝、早く来て解体しようってわけで、オレたちは小屋へ帰ったら、犬が来ないのよ。野郎、一晩中番してるつもりかなと思ってたら、九時頃になったら、ゴソゴソ小屋へ入ってきたわい。そうしたらね、体がマリのように腫れちゃってんの。あの絶壁を落ってね、体を打ったんだわ。そうしてケツの穴から、血が出てるんだ、内出血して。それで「これは　オイ　だめだぞ」「これは　オイ　死ぬぞ」なんて言ってたら、なんで死ぬもんかいな、あくる日一日休ましたら、元気になったぜ。

アホな名犬

それでね、その犬は、家に来た年かな、そのあくる年かな、春、クマうちに棒小屋へ連れてったんだよ。その時はクマとれなんで、三日ばかりいたっきりで帰ったが、帰ってくる前の晩に大雨が降っちゃって、「オイ　これは危ないぞ　ナダレにやられるぞ」なんて言って出たが、沢が水が出ちゃったんだ。だから木一本転がして、丸太橋にして、オレラ、それ渡ったんだが、野郎、途中まで来て、落っちゃったんだ、水の中へ。あれで三十メーターか四十メーター流されたかな、それでも向こうぺたへ上がったがね、こんだ、いくら呼ばっても来ねえんだよ。おっかなかったかなんだか、向こうぺたでクンクン鳴いてけつかって。

それで、こんなもなあ、連れに行って抱いてきたりすりゃあ、クセになるぞ、構わんで帰ろう、我《が》のあるやつなら、そのうちに帰ってくるわってわけで、家へ帰ってきちゃった。それから、三日も四日も帰ってこねえんだ。一週間経っても来ねえ。「さあ弱ったたな　迎えに行かなきゃ　いけんだかなあ　だけどあすこから　帰れんようじゃ　モノにならんなあ」と思ってたら、ちょうど十日目、もうアバラッ骨《ぼね》出ちゃって、フラフラになって家へ来たせやあ。

それからだわい。もう犬が変わっちゃったよ。どんな丸太橋でも、どんなおっかねえ水のとこでも、どんどん渡っちゃったよ。水のとこだけじゃないよ、どんな悪場でもノケたよ。もう、まるっきり、別の犬みてえになったよ。それからだわい、いい犬になったのは。

だけどね、いいのは猟っきり。ああ、もう、ほかはアホ犬だったわい。知らねえ人が来たって、トボケて、薄目あけて、寝たふりなんかしてけつかって、鳴きもしねえ。それで誰にだって、ついて歩いたりして。だから、イチはバカな名犬よ、猟に対してだけ名犬だ。ああ、ああ、もうほかのことはバカ犬だったわい。

あの犬はせえ、一ぺん、いなくなったことあるだよ。誰かについてっちゃって、五カ月か六カ月、家へ来なんだよ。それでね、オレ町へさ、自転車のパンク直しに行ったんだ。そうしたら、ちゃんといるじゃあねえか、どうも似てるずら、「イチ」って言ったら、すぐオレのとこへ来たわい。

それからオレ、「この犬は　どなたさまが飼ってるですか」ってきいたら、「オレの家へ　ただ来ちまったんだ」ってわけ。それで「オラ駐在所にも願ってあるけど　これはオレの犬で　間違えねえから　もらってく」と、「ああ　アンタの犬なら連れてってくれ」って、それで連れて帰ってきたんだわい。知らねえ人のとこへ行って、五

谷に架かる一本橋。
積雪期や増水期には
様相が一変する

カモシカのチョッキを
着た親方・鬼サ

カ月も六カ月も飼ってもらって、帰ってこねえんだから、そういうバカ犬だったよ。あれ、オレンチが嫌いで、どっか行くんじゃねえんだよ。それからは、ずっと家にいて、そりゃあもう、さんざカモシカ追いやったよ。

だけどね、終《しめ》えには、またいなくなっちゃった。つないどいて、放してくれたら、それっきり分からねえんだわい、いくら探したって。あれは誰かに盗まれたんだ。その前にせえ、売ってくれって来たのがいるんだ、ブローカーで。高く買うって言うが、オレは「これは　何万出したって　何十万出したって　売らねえぞ」って言ったんだ。そいつがね、盗んだと思うんだが、手許見ねえから分からんけど、オレはそう思うんだ。あいつは、バカな名犬で、誰にだってついてっちゃうんだから。

大物猟にはバカなオス犬がいい

だけどね、大物猟には利口な犬はだめだよ。バカなやつじゃなけりゃ行かないよ。クマとかカモシカはバカ犬じゃなけりゃだめ。もうね、クマに行く犬なんか少ないよ。利口な犬は絶対行かない、バカ犬でなけりゃ。クマとって来て、転ばしといて、犬いくつでも連れてってみれば分かるわ。もう、クマの臭いしたら、みんな逃げちゃうから、尾っぽ股にひっぱさんで。タヌキやウサギなら、とんでって食っつくやつが、みんな逃げる。それを、とんでってガンガンとやるやつだったら、大したもんだ。

それで、おっかないところへ連れてっても、落ちりゃ死ぬってことが分かるような利口な犬はだめだよ、もう行かないよ。落ちようとどうしようと、もう闇雲追ってくようなバカ犬じゃなきゃ、そういうところは行かんぜ。それで、あれはまた、おかしなもんなんだわ、品評会出るような、見てくりのいい犬もだめだよ。ちょっと見には、おかしな、見てくりの悪い、アホ面したようなやつに、いいのがいるんだよ。

ウソじゃないよ、山へ連れてけば分かるわ。そういうやつはね、山へ入ったらね、もう、じっと、何かとろうか、追いかけようかって、そればかり考えてるんだと思うよ。何でなけりゃ追わないってんじゃないんだから、ケモノなら、ウサギだってクマだって、なんでも追うんだから。そういう犬でなけりゃ、大物には使えないの。

それで、ウチのイチはオス犬だったけどね、やっぱり、ケモノ追うにはオスでなけりゃだめだわ。仲間でメス犬飼ってるのがいたけど、いっそ（まったく）追わないってわけじゃないんだけど、トコトン追わないの。あれ、どういうこんだか、オレには分からんけどさあ、まあメス犬はトコトンまで追わない。

オレも、もう何匹も犬飼ったけど、本当にいいのは、アホ犬のイチだけだったよ。あとはもうナマハンだった。まあ、本当にいい犬ってのは、何匹飼っても、一生に一ぺん会うか会わないかだな、まあ一匹ってもんだわい。

ほかの犬では、いっそとれないってことはなかったが、まあ、半分くれえしかとれなんだな。追ってっても、途中でやんなって帰ってきちまう。なかには、バカついて行かねえやつもいたわい、気が向かねえと。まあ、たいてえ、ハンチャク犬でだめだったわ。ハンチャクってことはナマクラってことよ。ここらでは、日曜犬だって言うわ。時々お休みだわい、働かねえのよ。

いい犬なら、トコトンまでつめて、止めて待っててくれるから、そうなりゃ、拾ってくるようなもんだわい、猟師は。逃がさんもん、もう見つけたら最後。それで、てめえがとびつけるようなとこなら、とびついて、格闘してノドに食いついちまう。犬の登れねえような岩の上ならだめだよ、下で鳴いてるだけ。それでもう、食いついたら最後、もう、ひきずられたって放さねえぜ。まあ、咬み殺すってことは、柴犬だな。ほかの犬は、いい犬でも止めてるだけだ。

それで咬み殺してもね、人が行くのがあんまり遅えと、食いちらかしちまうやつがいるんだわい、犬によっちゃあ。そういうやつはだめだよ。人が行くのが、いくら時間かかっても、そこで、じっと待ってるようなやつでなくちゃ、本当にいい犬って言えねえんだ。いつまでも待ってて、それで三分か五分に一ぺんくれえ鳴いて、自分のいるとこ教えるようなやつでないとな、本当にいい犬って言えないんだわい。

そういうやつは、いくら時間たって、腹へったって、ケンカして食いついて血が出るだろう、そこの血をなめてるだけ。だから、そこへ行ったら、カモシカの腹すぐ割ってさ、温かい血、手ですくって飲ませるわけ。それがうまいらしいな、犬は。それを飲ませると、犬はカモシカ追い、めった上手になっちゃうだ。

犬も猟師が上手でなけりゃよくならん

犬を飼うにはせ、鼻のでかい犬を飼わなきゃだめだよ。小さいのはだめ、鼻弱い。そりゃあ、小さいやつでも鼻の強いやつはいるよ。だけど平均、鼻のでかいやつに、鼻の強いやつが多いってことだわい。

昔の人はね、酢を注げば鼻が強くなるなんて言ったぜ、今、生きてれば百くらいの人が。そんなことウソや。オレ、犬を最初に飼った時やったら、本酢《もとす》でもって鼻がやけちゃって皮がむけちゃったわい。あんなバカなことしたら、余計鼻バカにしちゃうぞ。鼻の強い弱いは生まれつきだわい、人間だってそうだもの。

それから、知らん者はね、人からケダモノの肉でももらってきて、めったくれりゃあ、追うようになると思ってるが、そんなもんじゃない。肉ばかりくれたって、山へらなかったから、よく歩かんと、よくやるようにならんわい。平らなところで肉ばかしくれたって、いよいよ山へ連れてって、悪いとこへ行けば歩けないわい。悪いとこノケて行かないの、そこでやめちゃうから、カモシカとれない。カモシカ追いは、悪いとこノケて行かなきゃとれないんだから、おっかないとこでも、カモシカが通ってったとこを、何がなんでも通り抜けて追っかけなけりゃ、カモシカ止められないもの。

それから、ここらのような山（比較的峻しくない山のこと）で、カモシカ止めるってのは、よっぽど足の速い、カモシカに追い勝つ犬でなけりゃ止められないわい。だから、カモシカ追いからかす（トコトン追いつめる）ってことは、よっぽどいい犬じゃないとできないよ。足のうんと速い犬じゃなきゃだめ。足場のいいとこじゃ、カモシカの方が速い。

そりゃあね、どんなところだって、カモシカとび出したら、どうやったって、犬なんか追いつかないよ。だけどカモシカはバカだわい、そのうちに、犬が見えなくなったら、休んでるわい。犬の方は一生けんめいだわい。行ってとってくれようと思って、それで追いつくわけだ、犬は。それだから、尾根陰とかね、そういうところで追いつかれちゃう。それでとれるの。それにしても、足の速い犬じゃなけりゃとれないよ、カモシカ追いは。

まあ犬も、猟師が、自分が上手じゃなけりゃ、良くならんよ。どんな素性のいい犬だって、仕込まなきゃ、とって見せなけりゃだめよ。ナマクラ猟師じゃ、とって見せないから、いくら犬でも、せっかく自分が追ってきたやつ、とってくれなきゃ、やらないわい。上手な猟師が使えば、犬だって良くなるわ、めったとってくれるから。あんなものは、根が畜生だから、食いたい食いたいでもってやるんだからね、ちっともとれねえ猟師の犬は、ナマクラ猟師の犬は、いつまでたっても良くならんわい。

オレの知ったやつでせえ、犬仕込むってわけで、てめえでカモシカの皮着て、家ん中這ってせえ、カカに犬けしかけさしたってんだ。ああ、ああ、ほんとに、やだくなるぜ。そんなことしたって追いっこないわい。それから、マムシ酒くれれば、気が強くなるって、マムシ酒くれたんだ。さあ犬はくらんくらんしちゃって、人の後になって、一緒に来ねえんだ。バカなことしたもんだ、そんなことしたら、犬だって酔っぱらっちゃってカモシカ追えるかよ。

そんだもんで、野郎、腹立てて、山から帰って、こんだ棒で胴突《どつ》く胴突く。ああ、犬はめった叩かれたもんで、おっかなくなっちゃって、もう怯えちゃって、こんだ使いものになんねえの。あんなバカなことしたっていい犬にならんわい。

まあ、人間もそうだけどせえ、犬にもいろんなのがいるわい。オレがね、イチ失《な》くしてっから、いい犬が欲しくって、あの喜作の生まれた集落から、喜作が飼ってたいい犬の血をひいているってやつをさ、使ってみて、よかったら買うということで借りてきて、やってみたがだめだった。気が向くとよくやるのよ、よく追ってくるの。だけどあとは行かねえの。だめだったなあ、あんなの日曜犬だい。もらっても、いらねえや、返しちゃった。

林平はいくつもいい犬飼ったよ。いちばんよかったのはチビか、ちいちゃい犬だったけど、これはよかった。それからカメ、名前はカメだったけどノロマじゃなかったよ、よく追ったよ。最後がデコ、あれはちょっと、おかしな犬だったな、うんとよく追う時は、もう、ムテッカ（むやみに、むてっぽうに）追ってくるの、だけど、たまにバカついて行かねえの。あいつは、最初一つとってみせると、よくやるの、だけど、そうでなけりゃ、バカついてけつかって。まあまあ、あれだけやれば、いい犬せ。あれは、おかしな犬だったたな。気が向きゃムテッポウ追うし、気が向かなけりゃちっとも追わねえんだから。人間みてえとこあったぜ。そういう人間よくいるだろう。

犬のいないカモシカ狩り

命がけで人間が犬の役をやる

カモシカ猟は、いい犬さえいりゃあ、楽なもんせ。だけど、犬がいない場合は、人間が犬の役もしなけりゃいけないの。オレも、いい犬失くしてっからは、えらい思いしてとったわい、人間だけでもって。

これはえらいぜ、足の丈夫な者でなけりゃだめだぜ、ナマクラこいてたんじゃ、カモシカはとれないよ。オラア、自分でカモシカ追いからかして、とったんだから。下へ二人くらい置いてよ、それでオレがガリガリと上がってってって、上からマクリ落として、とび降りてくるやつをうたしたんだわい。カモシカってやつは、もう、かならず最後には下へとぶからね、真上から人間が行けば、下へダーッととぶから、それを下にいる二人がうつわけよ。犬がない時は、そうしてとるだわい。

そういう場合、カモシカ探すには、谷筋行って高いとこにいるやつ見つけるわけよ。そうしてこんだ品物見つけたら、追い役は陰から上がるわけだ。それで、うつやつは下にいて、よし、あれはどこに落ってくるって判断で、マチ切るわけだ。それで勢子が落としてくるやつを、うちゃいいだわい。クマはね、下へ逃げたら速いから、上にマチ切ってマクリ上げるが、カモシカは逆だ、上からマクリ落とすんだ。

それには地形をよく見てやらなきゃだめだよ。ここは横から行った方が下へ来るとか、斜めから行った方がいいとか、地形によったもんだ。だいたい上から落とせば、いちばんいいわ。それもね、なるべく陰から行って、際《きわ》へ行ってから、真上へきゅっと出なきゃだめよ、外《そ》れちゃうよ、真上へ急に出られたら、野郎、ガタガタ下へとぶから。やっぱり追い方あるんだよ。普通の者へ、追えったたってだめだ。勢子はね、慣れた者じゃなけりゃだめ。

そういうわけで、オレが主《おも》、追い役やっただ。若い連中下に待たしといて、「オメンチ　うてよ」ってぶたしただ。それでも、いっそナマクラ鉄砲うちじゃうてねえぜ、やっぱり、とんで来るからね、速えから。

まあ人間だけでとるのも面白えなあ。オリャア、どんなとこでも歩くで、いつでも追い役やってやったわい。野郎ども下に置いて、オレ、どこでもマクリ落としてやったぞ。だって、やつらに、おっかねえような場所へ行けったってね、行きえねえし、もし落ちでもしりゃあ困るでさあ。それより自分でやって、やつら下に置いてぶたした方がいいんだわい。オレは足は達者だったから、どんなとこでもガリガリと上がっ

カモシカの猟場の一つ、高瀬入りの湯俣谷。
人が追う時は地形をよく見て追い落とす

てってマクリ落としてくるんだ。その方が、下にいて心配してるより気が楽だわい。落ちたって、てめえがケガするか死ぬだけだわい。

トビ切っ込んでカモシカをとる

それから時々、マクリ落としてきて、「鉄砲うつなよ　うつんじゃねえぞ　オレがやるから」って、野郎どもの見てる前で、トビ、トビはオレどんな時でも放さねえから、それ切っ込んでとったよ。そういうこともやったぜ。

上からマクリ落としてくると、谷底には、うんと斜面があるだろう、この斜面が雪が深かったら、登って行けねえわけよ、カモシカ脚が細いから。野郎、一生けんめえ同しとこで雪掻いてるわけよ。そこへ行って、トビ、アバラッ骨のとこへポーンと切っ込むのよ、そうしていくつも引き落としてくれたよ。

それから、あんまり悪場でねえようなとこでは、谷底にね、オレ、真ん中にマチ切ってて、野郎どもがマクリ落としてくるやつ、やっぱり雪が深くって、とべねえでいるのを、首へとびついて、アイクチで通して（刺して）とったこともあるぜ。雪が深かったら鉄砲はいらんよ。雪のやっこい一月だったら、犬が止めたやつでも、棒切って叩いてもいいし、トビ切っ込んだってとれるぜ。

一ぺんね、まだ若い頃だわい。二人でもって行って、あれ倉繁だったかや、ケース（薬莢）がたんとねえ時分でせえ、十五本くれえしか持ってなかったろう、二人で。それでもって、遠いとこのカモシカ狙って、めったうっちゃって、それが当たらないのよ。さあ、しょうがねえ、カモシカそこにいるでも、タマがねえからうてねえ。

それから、オレが上がってってって、まっ下りにね、沢へ追い落としてよ、その沢をドンドンドンドンドン追ってったんだわ。そうしたら、水のあるとこへ行ったら、カモシカのやつ水ん中へ入り込んで、流れの真ん中に立ってんだわ、さあ来いよってな仕掛けで。それでトビ持ってたから、この野郎、トビで切っ込んでやろうと思って、オレも水の中へ入ってってったわい。

とび出されちゃ困ると思ったが、とび出さなんだよ。もうカモシカも疲れちゃって、新雪で深くて深くて、そこを長えこと追われたんで、野郎も、とび疲れちゃったんだ。それでトビ切っ込んで引き寄せて、あれ、流れの中では重いぜ、雪の上へやっと引き上げて殺して、それから相棒迎えに行ったら、野郎、オレの鉄砲とリックサック背負ってゴソゴソ歩いてきて、「ほんとにそうか　ほんとにとったか」って。あれが、オレ、トビ切っ込んでとった初まり（最初）だかやあ。

それから一ぺん、おかしなことがあったよ。三人で谷へ入ってってったんだが、カモシカ見えねえんだわい。それで「こりゃあ　もう今日はだめだぞ　小屋へ戻ろう」ってわけで、昼飯食って降りてきて、それでも両ぺたをまた順に見ながら来たんだわ。そうしたら、行く時には見えなんだとこに、高いとこに一匹見えたんだわ。それで「お前たち　ここで待ってろ」と、野郎ども待たしといた。カモシカは、その真上に、二百メーターか三百メーター上にいるわけだ。

それから「よし　オレな　ここから上へ回ったんじゃ　えらいから　下回ってな尾根から回ってって横に出て　追い落とすから」って言って、下回って、次の尾根を登ってって、ここなら、あのカモシカと水平くらいだと思ってせえ、そこから横にそーっと行って、小尾根から覗いてみたら、オレよりかちょっと下に居《お》ったわい。

そうして出ようと思ったら、野郎ども何思ったか、トントントンと三、四発うったわい。そうしたら、カモシカ、ダダダダダッと野郎どもの方へとび降りてったわい。それをうたねえんだ、野郎どもは。ぶたねえで、ただ見てたわい。しょうがねえ、オレ、その急斜面をまっ下りにとび降りてった、カモシカの後。そうしたら、カモシカは野郎どもよりもっと下の谷底へ降りて、それから、こっちのタテ（タテッコとも言う。

人間が四つん這いで、やっと登れる程度の急斜面）へ登りかけてるわけ。オレと十メーターか十五メーターあったかな、タテ側とび上がってって、雪が深くってモタモタしてるとこを、トビ切っ込んで下へ掻き落としたよ。

そうしたら、野郎どもノコノコやって来たから、「バカ野郎　何してんだ　なぜぶたねえんだ」って言ったら、「やあ　ありゃあ　あんまり速くとんで来たで　ぶてなかった」ってわけよ。バカども、ただ、呆れけえって見てたんだぜ、あんまり、えらい勢いでカモシカ落ってきたもんで。

そうしたらね、カモシカ解体しようと思ったら、キンタマにタマが当たってんの、野郎どもがうったタマが。だもんで、カモシカ、たまげちゃって、痛えしよ、もう、えらい勢いでとび降りてきたんだわ。まあ、ケダモノってのは強《つえ》えもんだわ、人間なら、もうへえ気絶よ。それを内臓に当たってないから、とび降りてきたんだわい。だけど、二、三百メーターはあったのに、よく当たったもんだわい、キンタマでも。あんなおかしなことなかったな、後にも前《さき》にも、カモシカのキンタマだけうったなんて。

カモシカに太ももを角で刺される

だけど、オレ、一ぺん、トビ切っ込んでやろうと思って行って、えらい目にあったことあるぜ。カモシカに角でもって太ももサクラレたことあるぜ。あれは棒小屋よ、あの時は犬が止めたやつを、ほかのやつにうたしたんだ。

そうしたら、当たり場所が悪かったんだな、まだカモシカ、急な崖のとこにちゃんと、つっ立ってんだ、オレから五十メーターくれえのとこに。そうして雪の上に血がポトンポトンと落ってるだ。それで「よし　オレ　トビでもって落としてくるわ」って、崖登ってってったんだ。

そうしてカモシカより五メーター、やあ、もっとあったかな、七、八メーターあったな、ダーッととんで来て、オレに来て、角でもって、ここ（太もも）を、グッとすくって、角が刺さってよ、野郎は頸《くび》に力があるもんで、グイグイとやって、オレの足を持ち上げたよ。

えらかったなあ、黒い血が、赤黒い血が吹いたぜ。だもんで、みんなおどけちゃって、後で「こりゃあ　おぶって帰らなきゃいけねえかと思った」ってこきゃがった。オレも、カモシカたんととったが、あんなえらい目にあったことはないわ。あれは、オレがバカだったんだ。横から行けばいいものを、真下から行ったからいけねえんだ。

五、六センチは刺さったな。それから山で薬ないからせえ、タバコ吸うのがいたから、そのタバコ、キズの穴に詰め込んでたが、その晩は病んで、うんと腫れたぜ。それだって、オリャア、一日休んだっきりだぜ。それからまだ一週間もやったわい。あの時は毎日とれたで、ケガしたからって帰ってくるようなこたあしねえ。オレは化膿しねえからいいんだわ、キズしても化膿しないよ、オレは。ほんだから楽だわい。

ほかの人はね、そうやって半矢《はんや》（猟師の言葉で殺すまでに至らないキズを負わせること。手負い、手傷に通じる言葉）にしたのをさあ、とんでって、素手でとっつかまえようとして、手のひら刺されて、甲まで突き抜けちゃって、一週間以上休んだ人がいるだよ、手がうんと腫れちゃって。あんなものはトビ切っ込めばいいものを、ノロマで欲の深えジーサンだもんで、逃がしちゃいけねえって一心で、首ったまへ抱きつこうとしたもんで、角でもってやられて。あれ、手でよかったんだわい、首でも刺されようもんなら、それこそ死んじまうわい。

そのジーサン欲が深えばっかりで、人と組んでやらねえんだわ、一人でばっかりやるだ。「なーに　お前たちと二人もでやったって　分け前が少なくなってだめだ　オレ一人でとれば　まるっきりオレの儲けだ」なんて言って。一冬に一人で三つか四つかとって、何が儲けだよなあ。

吹雪とナダレ

カモシカ追いでおっかない猛吹雪

山で何がおっかないって言っても、冬は、カモシカ追いでもなんでも吹雪だ、猛吹雪だ。これがいちばんおっかねえや。ドッドッと顔を上げられねえように吹雪いたら、もう、どこへ行っていいか分からねえや、見当つかねえもの、もう周りぐるっと何も見えねえんだから。いくらおっかねえとこあってもせえ、向こう見えてりゃ、どこでも回って行かれるわい。それがもう何も見えねえんだから、どうしょうもねえんだわい。

オレラも、えらい目にあったことあるんだ。北葛の谷と棒小屋だわい。棒小屋の時なんてものは、まあね、普通、山へ入るには、何日には帰るって言って出るから、それよりか二日も三日も遅れてるわけよ。天気が悪くって、ドッドッドッドッと吹雪いて出られなかったんだ。あん時、三日か四日荒れたわい。だけど、もうへえ、出てかなけりゃあ、えれえ騒ぎになるで、何がなんでも今日は帰ろうってわけよ。それでムスビ一個ずつ持って、ほかにレバーの塩焼きを持って出たかな。

雪はまだドッドッドッドッドッと降ってるだ。「上の尾根まで　五、六時間で上がれればいいが　分からんぞ」ってオレ言っただ。雪はもうドンドンドンドンと積もるでしょう、ほんなもんだで、雪が首まであるだ。五十メーター進むったって、ちょっくらなんてわけにゃいかねえんだわい。だから荷物を置いてね、空身でもって、三人で交替で雪踏みしといて、それから戻って、荷物背負って登って、その繰り返しだ。

一緒に行ったやつは、もうへえ何とも、ものを言わなんだな。オレはもう、ルートさえ間違わなけりゃいい、とにかく信州側へ向かうんだからってことが頭にあるんで、「何でもガンバレ」と、「こんなものは　ガンバレばいいんだから　ここでだめなら　お前ら死ぬだあぞ」って、野郎どもにハッパかけて、もう、上の方では四つん這い、六時間半かかったよ。とにかく、もうへえ一メーター先は見えねえんだから、足元にいる犬が分からなかったよ。

一つ沢を登ってって、途中、左から降りてくる尾根が三つあるわけよ。その尾根を一つ間違えたら、えらい目にあうだからさ、いちばん奥の尾根にとっついて登らなけりゃなんねえだけど、その見定めがつかねえんだ。ところが運よく、三番目の尾根にとっついたんだわ。だけど、オラア上に出るまでは、登りながら心配だったわ。雪がドンドンと降って、もう何も見えねえんだから。野郎ども連れてるしさ、もし間違ってたら、えらいことになると思ってさ、とっついた尾根登りながら、頭の中はあやふやだったよ。

尾根まで連れ出して、「見ろ　あすこ　大町だ　見えるだろう」って言ったら、若い連中座り込んじゃって、よろこんで、やっと笑顔見したわい。尾根の向こうは、信州側は晴れてるだ。そこでムスビ食べただ。途中でムスビ食って登るって気持ちの余裕がなかったよ。

ところがさ、稜線は信州側からの風がうんとえらいだ。犬が吹き落とされちゃったよ、下へ五、六十メーター。雪がやっこくて深くって、上がってこられねえで、下で、フーン、フーンって鳴いてるっきり。それからオレ、仕方ねえ、ザイル出して、フッカケ（尾根などで、吹きつけられた新雪がせり出したところ。それが凍ると、いわゆる雪庇となる）をとび降りて犬を上げてきたわい。そういうことがあったよ。

吹雪の中で仮小屋が燃える

その前にも、一ぺん、えらいことあったよ。北葛のうんと奥へ入るには、途中泊まらなきゃ行かれんで、秋に小せえ小屋、火焚いて二人や三人なんとか泊まれるような小屋拵《こ》しといて、そこへ行ったんだが、雪がドンドンと降ってて、寒いもんで、火焚いたまま寝たところが、下が、何年もツガの葉なんかが積もったものがあってよ、半腐れになったもんが。その上で火焚いてたもんだから、どっか、いぶりついちゃってな、夜中に、寝入ってるうちに火事になっちゃったんだわい。

足の方から火がついて、もう、みんな目あいたら、屋根に火がバリバリバリバリついてるんだわい。さあ、こりゃあ、えらいこったってことで、とにかく鉄砲と荷物だけかかえて裸足でとび出したわい。だけど、足がどうかなっちゃいそうだから、また小屋へとび込んで、靴だけ持ち出して履いて、こんだ三人で雪をめったかけたが、あんなものいくらぶっかけたって、何もならんぜ。屋根みんな燃え落ちちゃって、それでも骨組みだけは、まあ、なんとか残ったわい。

しょうない、一晩、その燃えちらかしのとこでもって、雪っ降りの中、夜明けになるまで暖まってて、夜が明けてから、近所から薪拾ってきて焚いて、体あぶってね。それでまだ雪はドンドンと降ってるしせ、ここまで来て家に帰るわけにゃいかんから、近所のヒノキの葉、枝だ、それをとって来て、また屋根拵して、そこでまた一晩泊まったわい。

そうしてあくる日出て、小尾根に登ったところが、雪がひどくなって、また猛吹雪だわい。向こうが見えねえんだ、ぜんぜん。どうにもならない。とにかく、奥の小屋まで行く途中に一カ所だけ悪い場所があるのよ。急な岩場で、ずーっと凍った岩肌で、大きな岩と岩の間を通って行かなけりゃいけない悪場があるの。だから、間違ったら大変なことになるから、「仕方ねえ　また　あの小屋に帰ろう」と。ところが、帰ろうったって、今歩いたばっかりの五分か六分前の足形が、ぜんぜん見えないのよ。さあ、こりゃあ困ったな、どの辺まで行って降りたら小屋へ行けるかなあと思って、だいたい勘で降りたんだわい。そうしたら、よかった、三、四十メーターっか違わなんだわい。

ところが、もうへえ食うものがねえってわけだ。奥の小屋に食糧荷揚げしてあるから、誰も二日分しか持ってねえんだ。それをな、なんとか一日食い延ばしたんだが、もうへえ、ねえんだわい。「オイ　こりゃあ　縁起クソ悪くてだめだわい　家へ帰るか」なんてやつがいるだが、「バカこくなって　食糧揚げてあるし　せっかくここまで来たものを　帰るって手はないぞ　なんしろガンバレ　一日や二日食わなんでも死にゃせんぞ」と、「明日はいい天気になるから　向こうへ乗り込むぞ」ってわけでさ、空きっ腹かかえて、またその仮小屋で一晩明かして、あくる日行ったんだわい。

そうしたら、途中へ行ったら犬が鳴き出して、「オイ　何だ　オレガの犬かや」「オー　オレガの犬だ　いねえわ」ってわけで、今、足元にいたやつがカンカンカンカンカン鳴いてるだ。慌てて下へ行って、初めての野郎連れてったから、犬が岩の上に止めてるやつを、そいつに「さあ　うて」と、そうしたら何発うってもカモシカ落ってこねえんだわい。「なんだ　お前　タマ入ってねえのか」「ああ　だめだ　こないだウサギ追いに行ったバラダマだ」ってわけよ。それで実弾でうって落ってきた。ああ、ああ、やだくなるぜ、そういうトボケタ野郎連れてってよ。

それでそのカモシカ解体してりゃあ、また小屋まで行けなくなるから、なんしろ三日も降り続いたもんだから、歩くったって容易じゃねえんだわい。それで、「とにかく　ハラだけは出さなきゃだめだ」ってわけで、ハラだけ掻き出して、脚縛って木にひっからげといたわい。「とにかく　今日は小屋まで行っちまわなきゃだめだぞ」ってわけで、めった雪の深いとこをドットコ、ドットコ行ったわい。

そうしたら、なに、三、四十分も行ったとこで、また犬がカンカンカンカン鳴き出したじゃねえか。さあ、いけねえ、犬のやつ、またカモシカ止めちゃった。

「オイ　困ったぞ　まごまごしてたら　暗くなっちゃって　小屋まで行き着けないぞ　どうしよう」「どうしようったって　せっかく犬が止めたんだ　そいつもぶって木へ吊るせ」ってわけで、二つ途中でとってハラ出して、木へ吊るしといたわい。それで「小屋までは　いも二時間はかかるぞ　なんとか小屋まで行かなけりゃ　腹へっ

てるし　死んじまうぞ」って言って、それでも、なんとか足元のわかる時分に小屋に着いたわい。

小屋に着いたたって、小屋、雪で埋まってるわけせ、ぐるわに三メーターもあってさ、とば口から入れねえんだわい。それで雪掻いて掘って入って、すぐ下に、二十メーターか三十メーター行ったところに、水が流れてるから、水汲んできて、飯炊いて、腹一杯食って寝たわい。

それであくる日から、またとれたんだわい、そん時は。出て空《から》で帰る日は一日もなかったよ。「こんげにとって　どうするだ」って、「バカ野郎　とりに来たんじゃねえか　こんげにとって　どうするたあ　なんだ」って、毎日一つか二つとったよ。八日だか九日で、十六とった。「さあ　へえ　もうへえ　オイ　この小屋の近所にはいないぞ」と、十日か十五日の予定で入ったんだけど、途中であんなことあったし、そこはもう、みんなとっちゃったから引き揚げた。

そうしたら、「親方　火事になったあんなとこは縁起クソ悪いから　こんだ　ほかのコース連れてってくれ」ってわけ。「オー　よしよし　ほかのコース連れてってくけどな　こんだ針金少し渡ってかなきゃいけんとこあるぞ」「そりゃ　やだなあ」「やだったって　針金手さえ放さなきゃいいだ」って。そこも悪いとこよ、来たコースよりもっと悪いだ。野郎ども一ぺんでこりた。北葛なんてなあ、奥はそんなとこばっかりよ。

冬山は慣れない者には無理

オラ、そこへ曽根原連れてったことあるだよ。それやあ、曽根原は、本当にえらかったろうよ。素人みてえもんだったし、初めてだったから。その火事になった小屋のコースを行ったんだわい。三月の半ばだでね、だいぶ暖かくなってきたで、日も長くなっとるしさ、雪も固くなっとるし。オラが二月に行って、けっこうとって、一カ所、そこだけ行かなんで、残しといたとこあったんだわい。それで野郎、一緒に行きてえって言うもんで、確実にとれること分かってたから、連れてったんだわい。

北葛の奥ったら、本職の猟師だって、あんまり行きたがらねえとこよ。それでも野郎、行くてえんで、それで行って、それでもなんとかオレの後ついて小屋まで行ったわい。そこで泊まってあくる日よ、いよいよ、その確実にとれるってとこへ行くってわけで、オレの後追ってきたわい。追ってきたはいいが、なんしろ悪いところだで、野郎、慣れてねえもんで、時間かかって仕方ねえんだわい。オレ、途中で待っても、なかなか来ねえだ。

それで仕方ねえ、野郎だって、まるっきりの素人じゃねえし、カモシカ追いだって、いくらかやってるしせえ、そのうちに来るだろうと思ってよ、オレ、先に行ってチョコチョコとやって、二つ転ばして、野郎、来たら解体して、二人で背負って帰ろうと思って、待ってたが、いくら待っても来ねえんだ。

さあ、こんだ心配になっちゃった。オレの後追ってきて、途中で落ってね、死んだかケガでもしたら困ると思って。それが心配でせえ、カモシカばっかとったたって、ケガさしたんじゃいかんでね。冬山慣れねえ者だでせえ、そんな、おっかねえとこ行ったことねえもんだから、やあ、オレ、心配で心配で。

それで雪穴掘って、カモシカ二ついけてせ、野郎探しにとび帰ったわい。そうしたら、よかったわい、途中まで来たら、そこまで来て、戻った足形があった。「ああこりゃあ　こっから戻ったな」と思って、それに乗って来たら、小屋に戻った足形でせえ、「ああ　よかった」と思ったわい、本当に。

小屋に入ったら、コタツに当たったったぜ。「オラ　途中でカンジキこわしちゃって　へえ　どうしたって　お前の後ついて行かれんで　戻った」ってわけだわい。まあ、それでよかったんだわい。落って死ぬとかケガでもしたら、こりゃあ、えれえこったから、オレが連れてったでせえ。それで「まあ　なんしろ　よかった」と、「オレ　カモシカ二つとってな　一人だもんで持ってこられねえから　雪にいけてきたぞ

い　明日二人で持ってくるだ」って言ったら、野郎、もう喜んで「そりゃあ　うまくやったなあ」なんて。

ところが野郎、カンジキこわしちまったろう。さあ、こりゃあだめだ、カンジキなくちゃ歩けねえからせえ、小屋のそばで木見つけて切って、火で焙って曲げて、夜なべにカンジキ拵して、あくる日、連れ出すってことで。ああ、こりゃあ、ええ目にあったぞい。まあ、仕方ねえや、本職の猟師じゃねえんだから。それであくる日、二人で行って背負ってきた。それでも野郎、よくあすこ歩いたよな、やっぱし黒部でイワナ釣りやっただけのことはあるわい。あん時は、小屋に三晩くれえ泊まったかな、それっきりでもって、二つ持って帰ってきちゃったわい。

表層ナダレに埋まる

まあいちばんおっかねえのは猛吹雪と、それからナダレだ。ナダレはね、オラアへえ、ガイドもやってるし、遭難救助にも出てるから、ナダレの来るようなところは分かってるから、そんなとけへは絶対行かねえわい。

オレはナダレにやられたことはないよ。ほかのパーティーでは死んでるよ、二人死んだな。三人でカモシカ狩り行って一人だけ生き残った。オラア、ここは危ねえなってとこへ行けば、もう時間でね、ナダレはだいたい何時頃から出るってこと分かってるからさ、野郎ども連れてっても、「オイ　もう　尾根についちまえ　尾根についちまわなきゃだめだ」と、もう尾根へ上げちまう。尾根へつきゃあ、どんな小尾根でも、絶対、ナダレは来ねえんだから、鞍部《あんぶ》（山と山の間の尾根の凹んでるところ）へ入ったらだめだよ。だから〔午前〕十時過ぎたら、昼過ぎの三時頃までは鞍部へ入らん。それだけ頭に入れとけば、もう冬山でナダレでは、まず死なないわ。

それだけどね、一ぺんだけ、表層ナダレにやられたよ。これがまた、おっかねえんだよ。もう時間関係ないの、あれは急な斜面に来るだけどね、雪が軽いのが、ドッドッドッドッドッと降ってる時だ。凍った雪の上に積もって、それが溜まったら来るだよ、表層ナダレってやつは。

それにえれえ目にあったんだ。篭川の白沢へ行った時、奥のあのおっかねえ岩ビンカのとこ。二人でカモシカ追ってってね、犬はもうどっかで、カモシカ止めて鳴いてるんだよ。それが聞こえるんだけど、山びこで、どっちで鳴いてるか分からねえんだよ。

雪はドッドッと降ってて、「オイ　鳴いてるけんど　しょうがねえ　これだけ降ってくれば　カモシカどころじゃねえぞい」と、「早く降りなけりゃあ　日が暮れでも

したらだめだから　なんしろいいとこ見つけて降りようや」ってことだ。ところが、どこへ行っても、みんなカナドヨっきりだ。谷がうんと狭くて急で、下が岩のとこをカナドヨって言うだ。それが凍ってカンカンになってるわけ。そこへ軽い雪がひっついてるわけだ。とても危なくて、そんなとこ降りられねえ。

オレも初めて、その大将も初めてそこへ入ったんだから、いけねえんだ。一ぺんでも行けば、どこども、いいとこ分かるんだけど、二人とも初めてだから、分かんねえだ。ところがね、途中に小さい木がチョボッ、チョボッと生えてるところがあったから、「オイ　これを何とかして降りよう　辷《すべ》ってもいいで　木につかまりながら　とにかく降りべえ」って言って降り始めたのよ。

そうしたら、間もなくだよ、十五メーターか二十メーター降りたかな、オレが先立って、それでオレのすぐケツにくっついてもう一人のやつが降りたの。そうしたら、ガブッと来ちまってよ、表層ナダレだわい。そうだな、流されたのは三十メーターくらいだな。そのくれえは一挙に下へ持ってかれて、向こうの岩ピンの際まで行って止まったんだよ。

それで止まったはいいが、後から来た雪に押さえられて、埋まっちゃって首だけ出てるだよ。身動きできねえだよ。カンジキ履いてるから、どうにも足も動かねえ。これにゃあ参ったな。雪はドンドンと降ってるだし、二人とも雪に埋まっちゃって、モヤモヤしたって、どうしたって、どうにもなんねえだもの。あれ、首だけ出てたから、まあ、よかったたってもんだわ。いも五十センチも雪がのれば、もうオダブツだったと思うよ、息もできねえもの。それから、あれは、うまい具合に二人とも立ったまま埋まったから、よかったんだわ。あれ横になってたら、とても、とても、もうだめ、助からんかったと思うよ。

あれは表層ナダレとしては小さかったんだ。大きなやつは、おっかねえんだよ、とても、とても、あんなもんじゃねえわい。黒部の方の大きな谷の表層ナダレったら、あれはだめだ、あんなものにやられたら、もう人間なんてサンゴミジン（三五＝ばらばら、微塵＝こなごな）だわい。どこへ行ったか分からなくなる。

それで、腕だけはなんとか自由になったから、雪掻いてな、一生けんめえ。立てこんだ狭えとこだから、雪掻くったって、えらかったわい。それでどうにか出たわい。出たはいいが、まだ雪は降ってるし、もう暗くなってきたんだわ。それで、まだ犬はどっかで鳴いてて、それ聞こえるんだけどせえ、「もうしょうがねえわい　犬なんて　かまっちゃおられんぞ　てめえの命が大事だぞ　ここでまっ暗になったら帰れんぞ」と。

それでまあ、なんとか道のある辺りまで出たわい。出たはいいけど、昔の道だから、暗くて雪降ってるし、どこが道だか分からんだわい。「とにかく　下へ下がろう」と、「下へ下がれば間違えねえわい」と、下へ下がったが、そこから家まで、ほかの大将の家まで二時間かかったよ。腹はへっちまうし、途中で雪食っちゃあ行ったわい。

そこへ行って火焚いてもらって、あててもらって、夕飯拵してもらって食って、そこへその晩は泊まったわい。犬はその大将の犬でせえ、夜中に来たよ。

ところが、あくる日になったら、二人とも腹痛《はらいた》だわ。雪食いすぎたか、雪に埋まって冷えたか、どっちかだわい。それで七日か八日ってものは腹痛だったよ、二人とも。「オイ　どういうこんだ」「どういうこんだって　あのカモシカの野郎だわい　あの野郎のおかげで　こんな思いしるんだから　あんなものは　オイ　行って　とっちまわなきゃだめだぞ」ってわけで、後で二人でとって来たぞい。「ああ　これで気が晴れた」ってわけだ。

それから、ナダレっていえば、カモシカうってドーッと落ってってたが、落ってってったためにナダレが出て、そいつに巻き込まれちゃって、拾えねえってこともあったでやあ。小屋からスコップ持ってって、一日掘ってもいねえだもん、こんなバカなこたあねえぜ。落ってきた雪みんな剝いでみたがカモシカ出てこねえ。どこへ入っちゃったか分からん。

あれは途中の上の方の雪に血つけて落ってきたんだから、途中どっかにひっかかったわけじゃねえぜ、雪がこけて、もうカンカラカンのところだからね。だから、下の方へ行ってから、どっか雪の割れ目があって、そこへ入っちゃって、上から落ってきた雪が隠しちゃったんだと、オレは思うんだ。

それから、もう一ぺんはね、これはとぼけた話よ、ナダレでもなんでもねえんだ。初めて連れてったやつにね、オレラ朝早く一つとったから、そいつに小屋へ背負ってけって背負わしてやっといて、奥へ入ってまた一つとってさ、小屋へ帰ってきてみたところが、「鬼サ　カモシカどっかへ行っちゃった」「バカ野郎　死んだカモシカがどっか行くわけがあるか」って。

そうしたら、野郎せえ、楽なとこ鼻歌うたって背負ってきて、小屋の上まで来て、シャクナゲがちょびちょび生えて、からみあってる斜面をさ、ここから落としゃあ、小屋まで背負ってかなんでもすむからって、落としたんだよ。そうして野郎な、へえ、まともに下に落ってるもんだとばっかり思って、こっちの歩けるいいとこ降りてってって、拾おうと思ったら、いねえってわけだわい。それから野郎、上へ登ってって、落としたところから順に追ってってって、シャクナゲの中もみんな見たが、カモシカはどこにもいねえってんだよ。

それからオレが登ってってみたら、シャクナゲのヤブへひっかかってな、そこでポーンと跳ねて、ちょっと端《はじ》へ寄って雪の中へ頭から、まともに逆さに入ってんだよ。野郎、上からカモシカ落としたから、雪も落って、サラサラッと、そいでカモシカ隠しちゃったんだわい。ちょっと雪かぶって、足先だけ出てんのが、野郎、上から下がってきても見えなかったんだわい。それで「カモシカいねえ　カモシカいねえ」って騒いでけつかったんだわい。まあ、長えことやってると、いろんなことがあるだ。

カモシカ追いと事故

滑落　いも少しでサンゴミジン

オレが三十歳でないか、三十二、三だったな、乳川入り（入り＝奥）だ。まあ、あれは本当によく助かったもんだな。山の中腹で、そこは一枚岩の岩盤だったよ。氷の上へ雪がちょびっと、一寸くらいかかっておって、それが初めて入ったとこだもんで、オレ、そんなことを知らんで、先頭にいて、歩きやすいとこと思って、カンジキ履いたまま、チョイ、チョイ、チョイっと出てったら、ガーッと滑り落ちちゃった。

それから、もうへえ、山へ入って落ったら、すぐトビ打ち返すってこと頭に置いてたから、あれで三メーターくらい落ったろう、そこですぐガッと打ったところが、下は氷だけれども、雪がかかったりしてたから、多少やっこかったと思うよ、ガガガガーッと、まだ五尺か六尺滑ったろう、それで止まったわい。

止まったから、すぐ後に続いてほかの者が来てるもんで、「早くザイル投げろ」って投げてもらって、それにつかまって、ひっぱってもらったわい。それでまあ、引き上げてもらったんだけどせえ、あと、いも三間も落ったら、もうへえだめだったな、サンゴミジンになるところ。下は、まるっきりタナだよ。百間もあるタナだよ。あれで落ったら、サンゴミジンになって、もう足だか腕だか分からなくなったわい。

そこはね、古い猟師に聞いたら、「あんなとこは　カモシカ追って入るとこじゃない」って言われたわ。「お前はバカだ」って、「あんなとこへ行ったら　お前　命いくつあったって足らんぞ　なんであんなところへ入ったんだ」って、そう言われたぞ。なんで入ったって、知らねえで入ったんだわい。そこはカモシカはいるけれども、悪くて人間が寄りつけないってとこ。それを知らずに、カモシカとろうと思って闇雲に入って行ったんだわい。

そうして引き上げてもらってから、どうにかして横を回って行ったら、一ついいのがいてよ、それマクッた（追った）けどとれなんで、あくる日も行ったけど、またとれないんだよ、そのカモシカは。そいつはね、悪いとこっきり、悪いとこっきり行っちゃって。犬もそこだけは行かなんだよ。

それで、そいつは諦めて上に登ったら、別のやつがいて、それを追って山の反対側に行ったところが、やっぱし、そこが悪いとこでもって、五十間くれえあったな、急な斜面が。そこをカモシカが、尻でもって、氷の上に少し雪のあるとこを、辷って下へ降りちゃったよ。えらいことやるよ、カモシカは。そこを犬は降りたよ。それからオレは、犬が行ったもんで、行かねえわけにいかんもんでね、五メーターくれえの細い紐持ってたから、チョボチョボと、たまにある木へ掛けては、順にそれにつかまって、なんとか降りたわい。

一時間近くもかかったぜ、カモシカは二分くれえで降りたとこを。それはもう、おそろしいとこだぜ。犬はオレよりも先に降りてったけれども、カモシカの方が商売人だわ、山にかけては。犬は行ったけれども、どうにも追いつけねえでだめだった。そこは、ヨタノ沢ってとこ、ヨタってのは悪いってこと。あすこはもう、昔から、絶対入っちゃいけねえって沢だ。

ほんでもう、そこへは誰も行くのやだってわけ。「何こくだ　カモシカとるには命をとるかとられるかだ　さあ　また行くぞ」ってわけでハッパかけて、また行ったよ。行ったけれども、なんともねえや、こんだ、山分かったから、もう用心して、オレの落ったようなとこは、よけて通った。オレ、何回も行ったよ。とにかく、山は、山に慣れるってことがいちばんだわい。

乳川だって北葛だって悪いとこよ、何回行ったたって、登るとこも分からんし、降りるとこも分からんようなとこが、いっぱいあるんだよ。谷が細くて立てこんでいる、上はよくてね、下へ降りたら絶壁よ、タナよ、降りられねえようなとこばっか。本当

乳川。細く峻しい谷は、遥かに雪をいただく餓鬼岳へと続く。
厳冬期のカモシカ追いは命がけだった

にえらい、やなとこっきり。

オラ、無理してカモシカとったから、誰でも「あんなところは行くとこではない」って言うとこ、そういうとこへ、オレは入ったんだから。オレは冬は猟師専門、その頃はもうカモシカっきり。ほかの誰様のように、猟師やりながら、山師やって人を騙したり、バクチ場開いて人の金まきあげるようなことは、しねえんだから。

カモシカ追いでは何人も死んでるぜ

猟師なんてなあ、冬の間はケダモノとらなきゃ食っていかれないんだから。トリやウサギだけとってたんじゃ、食べていかれないの。だからオレは、人の行かねえとこ、悪いとこ、やなとこへ闇雲入ってとっただわい。だけど、山明るくなけりゃできないよ。乳川なんか、オレラの入るよりか八年か十年くらい前に、みんな落ちて、ケガして、死にゃしなかったけど、腕へし折ったり、足折ったりさ、そうしてムラの衆からさ、担ぎ出してもらった衆いたよ。それから、オレと一緒にやった倉繁ってのも、前に落ちたんだよ。

オレの仲間ではカモシカ追いで死んだ者はいないが、まあ、カモシカ追いでは死んでるぜ、何人も。こっちでも、富山の衆でも。こっちで多いのは疲労凍死だな。あまり山を知らんでて、帰る時間も見なんで、奥へばかり追ってってね、日が暮れて、腹へって動けなくなる、凍みる、それで凍死だ。これが多いだ。

カモシカ半矢にしてもせえ、こっちが死んでまで、とらなくったっていいんだから、どこまで行っても、時間はからって、ここから帰れば何時間かかると、その時間はからって帰んなきゃだめだよ。それを、何がなんでも、日が暮れたって、とろうなんてことするから、てめえの命とられたりするんだよ。

オラ方には、カモシカ追いで、そういうの何人もいるだぜ。なんでもかんでもとろうと思って、めった追ってっちゃって、こんだ、山分からないところまで行って、暗くなって帰れない。それで行方不明になった者もいるだぜ。オラよか若い者でも、年寄りでも、そういうのいるだよ。富士弥の息子なんてのもそうだよ、そのほかにも、常盤《ときわ》にも松川にもいるだ。まだ遺体の見つからんのもあるよ、常盤の人でやっぱり乳川だ。

山がよく分からねえのが、そういうことするだ。知らん者が北葛だ、乳川だなんてとこへ、カモシカいるからって行ったって、さあ、奥へ入りゃあ、帰ってこらんねえや。上がよくても下が悪いからな、下へ降りようと思って行ったって、もうへえ、とても、とても、簡単にゃ降りられねえ。尾根筋はよくっても、下の沢の谷の両側はもう壁よ。それが、いちばんおっかねえんだ。それを知らないとだめだ。降りられなきゃ、そこでだめになるか、落って死ぬかだろう。

それから、春先は雪庇だ、おっかないのは。縦走路なんかでは、あれが危ねえんだ、ちょっと端《はじ》に寄ると。雪庇は落ちる時は分かるよ、慣れてくれば。もう、先に音がするぜ、山の空気か気流の関係か分からんけど、もう、ゴーッて音がするよ。その音がしたら、早く逃げなきゃだめだよ。オレは、何べんもあってるから分かるわ。そりゃあ、おっかねえことあったわい。ゴーッていったからすぐとんだ。もうへえ、今までオレのいたったとこ落ってったわい。あれはせえ、よく見たからってヒビなんか入ってねえんだぜ、それで突然切れる。

たいてえ雪庇のとこは急だからね、壁だから、落ちたら助からんわい。雪庇欠けて遭難しるの、登山者なんかでは、うんといるからね。

それからね、笹のうんと生えてる急斜面、その上に二メーター三メーターの雪が積もってるとこ、そこを歩くと、かなり雪の厚みがあっても、どうかすると動くことあるだよ。ギーギーと動くことあるんだよ。そういうとこは危ない、切れることあるわ、たびたびあったよ。

　あればっかりは、その山をよーく知らねえ者には分からんのだわい。慣れないうちは知らねえんだわい。知らなんで歩いてる。それで春とか夏行ってみると、「オイオイ　こりゃあ　命拾いしたぞ　えらいとこだぞ　まあ見ろ　一枚岩盤だぞい」とかさあ、「こりゃあ　落ったら　死んだなあ」なんて話しとるんだから。壁みたいとこに笹が生えてるとこだわい。

　これも登山者なんかで、そういうとこ、知らなんで横切って、雪がドッと切れて遭難しるの多いだよ。鹿島〔槍ヶ岳〕辺りでは五名や六名、一ぺんに死んでるわい。知らないんだから、しょうがねえわい。一枚岩盤で壁になってるだろう、雨でも降ってたら、雪が濡れるだろう、そこへ人間が来て横切ったりしたら、そうしりゃあ、一発でもって切れちゃうよ、ドーッと。

　だから、そういうところは、木のないとこは歩いちゃいかん。木が生えてないってことは、下が一枚岩盤で木が生ええないってことだ。木がちょびちょびでもありゃあ、木ってもボサなんかじゃないよ、相当大きな木でなきゃだめだよ、それが生えてりゃあ、ドッと切れないから。木のないとこは、もう下は一枚岩盤だと思わなくちゃいかん。

まあ、よく死ななんで生きてきたってもんだわい、今まで。まあ、拍子がよかったんだな、昔から誰も入らねえようなとこへ、闇雲入っててよ、人にバカだって言われたくれえメチャクソやったんだから。だけど、メチャクソやっても、オレは、でためやっちゃあおらんぜ。オラ、いつだって、本当に用心したぜ、自分が自信の持てねえようなことは、やっとらんよ。本当だぜ、山知ってたから、山慣れてたから、ほんでもって足が強かったからできたんだわい。それでなきゃあ、今、こうして生きとらんわい。

鬼サのなげき

だけど、もうへえ今は、若い時のように、クマでもカモシカでもなんでも、ケダモノ追いからかして、めったとるって気はないなあ。もうへえできねえわい。昔はせえ、それが商売だったたから、本職の猟師だったたから、ケダモノとらねえことにゃ食ってかれねえから、だからやっただわい、闇雲やったよ。

だけどせえ、昔はオラがそういうことやってれば、ムラの衆なんかは言うだ。「あの野郎ナマクラで　百姓やらんで　鉄砲ばかりやってる」って。本当だよ、昔のこらの衆の頭の中には、そういう考えがあったんだよ。猟師なんてなあ、ナマクラモンのやることだって、オラの親からして、そういう考えがあったと、オレは思うよ。やりきれたもんじゃなかったぞい。

だけど、そんなもんじゃあないよ。まあ、今まで話したみてえにせえ、猟師で飯食うってことは、ナマクラじゃできないよ、楽なことじゃないよ。楽どころか命がけだよ。それでボッカやって、ガイドやってせえ、遭難があれば冬でも夏でもマクラレてせえ、オレは山っきりで苦労したぜ。どのくれえ苦労したか分からんぜ。あれ、山が好きだったから、それでこそ、できたってもんだわい。

だから、今はもう好きなことっきりやってるだ。夏は三俣の小屋へ行って、オレは山へは体を揜せえに行くだ、涼しいとこで。山へ行っても、今はろくに仕事するわけじゃない。若え衆のやること見てりゃいいだ。ただ、居さえしりゃあ、いいってことだ。小屋の持ち主もそう言ってるわい。たまにはお客さんと近くへ遊びに行ったり、一月《ひとつき》に二回くらいはイワナ釣りに行ってみたり、そんなこんだい。

オリャア山に居さえしりゃあいいだ、山が好きだから。だけど山はやっぱり五月だな。まあ九月の中旬頃もいいな。五月はね、雪が普通に消えれば、岩肌が出て、雪のあるところには雪があって、そこへ新緑になってくるだろう。岩場に魅力があるわい。まあ、山は新緑の時が最高や。夏は花だ。七月に入ったら、早いとこは咲き出すよ。雪の消えたとこから順に咲いてくんだ。まっ先、ハクサンイチゲが多いな、ハクサンイチゲかイワウメだな。それから続いてコマクサが咲いてく。

秋はきれえだよ。今はカラーフィルムがあるから、写真には秋がいちばんいい。新緑は、きれえだと思って撮っても出ないよ。あれはどういうもんかな、オレラには分からん。

そうして十月半ば頃に山を降りればキノコとりだ。それが終われば、すぐ猟期だ、

魚影は薄く、名人の毛バリにもイワナは姿を見せない

鉄砲担いで山へ行くだい。とっても、とらなくても、山歩くのが楽しいからやってるだ。オレは、どうしても、一日に四、五時間は歩かなけりゃあだめだ。三日も家にいたらだめだよ、体おかしくなっちまう。だから、春は山菜とりよ。冬は広津へ来たり、あっちの西山の方へ行って、何かとるだ。オラまだ甲種も乙種も免許（狩猟免許）持ってるぜ。ハサミ掛けたり、ワナ掛けたり、鉄砲でとったりしてるだ。

だけど、オレは名の知れたカモシカとりだろう、だからね、悪いことはできない。鹿島の谷へ行っても、高瀬の谷へ行っても、乳川の谷へ入っても、シャバの人はみんな知ってるからね。だめだ、誰か悪いことしてもね、もう、あの奴じゃねえかってことになるからね、悪いことは絶対できない。警察署のやつだって、なに、あのオジイ一人でもって、また、ちょこちょこと、うまいことしてんじゃねえかって、そう言ってるてえわい。やりきんねえわい、どうにもなんねえだ。

それで、ちょいちょい投書行くってよ、警察に。禁漁区とかね、鳥獣保護区へ入って、野郎、密猟やってるって。それで猟友会長のとけへ電話かかってくるって。だから、オレ言ってるだ、「誰がそんなことこくだ　そんなこと言うやつ連れてこい　オレやってるとこ見たって者があったら連れてこい　オレはそんなこと絶対やっとらんぞ」って。

オレは好きで、よく写真撮りに行ったり、トリの鳴き声録音とりに行くだ、山へ。そうしりゃあ、あの奴、何か悪いことしてんじゃねえかって、人は言うだ。世の中にゃ、バカがいるだ。やってもいない者を、悪いことに落とすってのは、いちばんいかんわ。てめえ、一銭も得はないよ、そんなことしたって。そういうのは、オレ、本当に気にくわねえんだ。

オラ、へえ、昔はさんざカモシカの密猟やったで、もうへえ、密猟はやらねえ。だけど、こんなこと言うと、なんだけど、昔猟師やってて密猟やらん人はいないよ。猟師やった人は、みんなカモシカの密猟やってるよ。だけど、もうへえ本職の猟師はみんな死んじゃってオレだけだ、生きているのは。

まあ、免許は持ってても、もうへえ、トリでもケダモノでも、そういうものを、たんととりたくないな。それで、みんな言うからさ、「オイ　鬼サ　あんな罪も咎《とが》もないものを　はじからとっちゃいかんよ　かわいそうじゃないか」って。なかには、「死ぬときゃ　いい思いしないぞ」なんてこきゃがる。やりきれたもんじゃねえわい。だからオレ、「オー　オレどんな思いして　死ぬるか見とれ」って言ってるだ。

だけど、そりゃ本当だわい。かわいそうだ、もう、あんまりとらねえ、とっちゃいけねえ、オレもそう思うだ。昔みてえに、食うに困るってわけじゃねえんだから。だけどせえ、これ困ったもんだわいな、猟師根性って言うだか、なんて言うだか、まだ、ちったあ、とってみなくちゃいかんとも思ってるだよ。まだクマ、三つか四つとるまでは、鉄砲やめる気がしねえだわい。

だけど、鉄砲もやっぱり、年とってくるとだめだな。見当（照準器）がさ、へえ二重になって見えるようになるとだめだ。へえ目が悪くなってきたからね、舞ってるトリとか、とんでるケダモノをうつなんてことは、まことにいかんぜ。パッパッと昔のように速く見当に乗らない。

川へ行ってもそうだ。もう昔のようにはいかねえ、もうへえ無理はしねえ。危ねえとこへ行って人の笑いごとになってまで、魚釣ったり、ケダモノとったりしなくてもいいんだから。まあ、なんて言ったって、歩けるうちだ。山歩けなくなったら、もうだめだ。そうだな、これで、さんざ何十年もやってて、山歩けなくなって、それができなくなったら、切ないわなあ。オレも今はまだいいが、そのうち、そうなるだかやあ。

新緑の微妙な色は出ないと嘆きながら、
シラカバの芽吹きを愛用のカメラで狙う

銃の手入れ。漁師の執念は消えず

附・炭焼き

オレ、炭焼きは十年くらいやったよ。炭焼く木を買った山に小屋を建てて、そこに寝泊まりしてやっただわい。まだあるよ、その小屋は、今はタヌキの巣になってるわ。カモシカで挙がって、免許停止くっちゃっただろう。だから、その間てものは猟師できねえずら、ほんなこんで炭焼きやっただわい、本格的に。あれはね、はたで見てるほど楽ではないよ。窯《かま》造って、木伐って運んで、焼いて、焼いたやつ出して、また新しく木を詰め替えて、それで出したやつは切って俵にして運び出さなくちゃなんねえだから、それみんな、自分一人でやるだから、ナマクラこいてるヒマなんてないぜ。

オレはでかい窯やったんだわ、一窯で二十キロの俵で百十五くらい出た。それを一月《ひとつき》にいいとこ二回だな。木を伐るのは、木の大きいとこは楽に早く間に合うが、こまかいとこは手間くうぜ。あまり大きい木は割って、焚くだわい。そういうのは炭はあんまりよくねえんだわ。木の長さは窯に応じたもんだ。窯のでかいやつほど丈が長いんだ、窯の高さだ。炭に焚く木は窯の中へ立てるだから、ギシギシに。普通は窯が小さいから、木の長さは三尺か三尺三寸だが、オレはちょっと窯がでかかったから、四尺五寸くれえだな。

オレの窯はせえ、奥行き二間半の間口二間くれえだ。それで高さは五尺、でかいもんだぜ。それを、ぐるわから天井まで、全部粘土で叩きつめる。白炭《しろずみ》は、ぐるわを石で積んで、天井まで石で巻くが、黒炭ってのは土でやるだ。窯造りってのも、えらいもんだぜ、本当にこれはえらいぜ。

まずさ、自分が木を買った山で、平らで水はけのいい場所を選ぶだわい。そこに内のり二間半の二間の四角をせえ、四隅に杭《くい》打って縄を張って作るだわい。その縄の外側に、幅一尺五寸くれえの溝を掘るだわい。深さは窯の高さより二、三寸余計に、ぐるっと、鍬とシャベルで掘る。大変だよ、体がやっと入るくれえの幅で深さがあるだから。それから、その溝に粘土質の土を入れては、杵《きね》でトントントントンと突いて歩いて、また土を入れては突いて、それを何回も何回も繰り返していくと、入れた粘土が本当に堅くなっちゃうの。そうしたところで、上まで出来ちまったら、縄張りした中の土を全部はねちゃうわけ。それもスコ（スコップ）一本でやるだわい、一人で。そうすると間口二間、奥行き二間半、高さ五尺の四角い穴が出来て、ぐるりは厚み一尺五寸の粘土の壁になるずら。

そうしたら今度はソッコ（底、床）だ。ソッコは、三、四寸の厚みに粘土を置いて、また、トントントントントン、杵で突くだ、粘りが出るまで。それが終わったら、中でボサを焚いて、ソッコとぐるわを少し乾かすだ。乾いたとこで、そうしてっから、そうだ、その前に窯の入口と煙道《えんどう》を作っとかなくちゃなんねえんだ。ぐるわとソッコが出来たら、それを作るだわい。

入口は、間口二間の真ん中に作る。幅一尺七、八寸に、粘土の壁をソッコから上まで切りとっちまう。そうしてから、入口は、外の土をはねて、勾配つけて、窯の中に出入りできるようにするだわい。そうしたら、こんだ、煙道はその向こっぺたに、やっぱり粘土の壁を、これはソッコの方を広く、上に行くにしたがって狭く切る、下が尺七、八寸で上が八寸ぐれえ。そうして、この煙道は三方に石垣を積んで崩れねえようにして、そうして窯のぐるわの高さより一尺くれえ高く積み上げて、そのいちばん上に土管を立てるだ。そうだな、差し渡し六、七寸の土管だな。

そうしてから、こんだ、その中に、炭にする木、ぐるわの高さと同じ長さに切った原木をギッシリ立てるわけ。そうすると上は平らになるだろう、そうしたら、ギッシリ立てた原木の上に、こんだ、木を、これはどんな木でもいいだ、横にして積むの。ぐるわにかかっちゃいかんよ、立てた原木の上だけだよ。いちばん下は長いやつ、上に行くにしたがって短い木を積んで、それがちょうどマンジュウ型になるようにする

今はタヌキの巣になっているという、かつての炭焼き小屋

の、窯の屋根は丸くマンジュウ型にするだから。そうしてから、その上にムシロをかぶせて、その上に粘土を上げるだ。そうして、またそれを杵で叩きつめる。

その天井っていうか屋根っていうか、それはね、裾ほど厚いの。ぐるわの上に天井のせるだから、下はぐるわの厚み、そうして上に行くほど薄くするだわい。そうだな、ぐるわの厚みが一尺五寸なら天井の裾は一尺五寸で、上に行くにしたがって順に薄くしていって、いちばんのテッキ（天辺）へ行って四寸くれえにするの。あんまり厚くするとね、その重みで天井が落っちまうし、あんまり薄いと穴があいちまう。そのあんべえ（案配）が難しいの、なかなか。

そうしてっから、窯の口のとこで、火を十日も十五日も焚いて、中の原木に火をつけちゃだめよ、煙と熱い空気だけ中へ入れて、蒸気乾燥させるわけだ、窯を。そうすれば天井もぐるわも、まあレンガみたいに堅くなるわけよ。そうして窯が乾いてから、本手に炭焼きの火を焚くわけだ。その時は煙道の上の土管の口に厚い板をのせて、煙の調節をとるだよ。火をつける時にゃどのくらい煙を出して、それから原木に火がついたら何割絞るとか、こんだ何割開けるといった具合に、順に煙の色を見て調節するだよ。

窯造るったって、なかなか、そんなに簡単なもんじゃないぜ、一カ月はかかるよ。

それこそえらいんだから、ナマクラ野郎にゃできないぜ。それで窯が完全に出来上がったら、こんだ、その上に三角屋根を掛けるだ、トタンで。そうすれば、その窯は何年でも使えるわい。

本手に炭焼きの火を焚くには、最初に口焚きってのをやるだ。それにはさ、窯の入口にね、焚き口って鉄で出来たものが、金物屋に売ってるから、それを買ってきてつけるだ。入口の真ん中に、ソッコから二尺くれえ上がったとこに、焚き口がくるようにして、入口は石と粘土でふさいじゃうの、焚き口だけ残して。そうして、窯の中は、焚き口の前だけ、二尺四方くれえ、原木立てないで空けてあるから、そこで火を焚くの、焚き口からどんどんと薪を落として。そこでまあ二日くれえは口焚きってのをやるだわい。

それで、奥へ火がついたかどうか、原木に火がついたかどうかは、煙出しから出る煙の臭いを嗅ぐわけよ、臭いで分かるの。臭いを嗅いでも、むせてこなけりゃあいい、ああ、これは辛いってことになればいいんだわい。そうしたら口焚きをやめる。まあ慣れないうちはね、温度計使うだ。煙出しの口へ温度計を十センチくれえ入れて、百二十度くれえまでになったら、止めるだ。まあ慣れてくれば、ちょいと臭いを嗅げば分かるよ、火がついたら、もう鼻が辛くて辛くて。

それで窯の中で、炭が完全に出来上がったかどうかは煙の色で見るだ。窯に火がつけば、最初は茶白の煙が出て、そのうちにまっ白になる。そうしてっから青白くなって、そのうちにまっ青になる。それを見ながら、空気を少し余計に送るとか、こんだ少し絞るとかするわけ。それは焚き口でなく、土管の口にのせた厚板で調節するだよ。そうして青煙も出なくなったら、空気を完全に止めるだ。

窯の煙が青くなってくれば、時間の問題だよ、たいてえ青煙になってっからね、五、六時間。だけども、中の原木が、大きさ（太さ）が揃ってない時は面倒なんだ。揃ってればピタリと切れる。青い煙が切れれば、燃え切ったってことだから、炭が出来たってことだから、そうすりゃあ止めればいいんだけど、太さが揃ってないと、燃え切れたやつもあれば、まだ燃えてるやつもあって、その加減が難しいの、どこで止めりゃあいいか。それから青煙になってから時間がかかると、炭の量が減るの。青煙になって早く煙が切れたら、その時は量があるの。そうして、その止める具合でもって、炭がやっこいとか堅いとか出来る。煙が切れるまで置けば、いい炭が出来るが量がない。早目に止めると、こんだ、量はあるが炭の質は悪い。

止めるってのは、煙突も、しっかり蓋をしちゃって、空気を送ってる焚き口のところもピタッと閉めちゃうの。そうしてから、三日とか四日とか、そのままにしとく。

それは窯の大きさによったもんだ。オレの窯は四日は止めとかなきゃだめだったな。まあ炭焼きなんてものは、そんなに秘密はないんだわい。

それで、木によっても、炭のいい悪いがあるだよ、やっこい木と堅い木で、木の種類だ。ここらではクヌギとナラの炭がいちばんいいの、その次がサクラとケヤキだ。それでクリとか、そこらのオゾイ（質の悪い）木は、窯に火つける時の、口焚きに焚いちゃうの。

それからせえ、炭になったものを窯から出すのがえらいんだわ。どうかすると、すっかり消えてなんでね、出してから、火がおきてくることがあるだよ。それがいちばん困るんだわ。そうすると、これはへえ、どうしたって水かけなくちゃだめだろう、水かけたら、炭はだめになっちまう。そういうことが、どうかするとあるだ。だからね、完全に消えるまで外へ出しちゃだめ、三日も四日も置いてからでなくちゃだめ。一日でも無理して出すと、そういう目にあうわ。よくあるだ、炭欲しいってとこがあって、無理して早く出してやると危ないだ。

まあ、炭焼きで、何がえらいって言ったって、焼いた炭を出してさ、また新しく焚く木を詰めなくちゃいかんだろう、それがえらいわ。まだ窯冷えてねえからせえ、もう熱いし、こんだ出した炭は適当な長さに切って、俵に詰めるわけだから、もう体中、まっ黒せ。ああ、ああ、あんなものはもう、耳ん中でも鼻の穴でも、もう、まっ黒けだわい。たまったもんじゃないわい。

こんなとこにいて、飯食ってくってことは、並大抵じゃないよ。苦労しなくちゃ、今の者のようにナマクマラこいてたんじゃ食ってかれなかったわい。もうここ（旧広津村栂尾）にもオレラ若い頃は十五軒あったが、今は二軒きりだ、一年中人が住んでるってのは。みんな下（池田町）に家建って下がっちゃった。ここじゃ冬、雪のある時にえらいんだわ、山の中で。

あとがき

このシリーズ（白日社の山村民俗書）では、山に生きた人たちの暮らしとその生き様を、直接ご本人に語っていただく形で纏めてきた。だから、どうしても、ご本人がふれたくない部分、こちらからも踏み込むことを遠慮しなければならない部分があって、編者としては、そこに、もどかしさと、この種の本の限界を感じてきた。この本も、もっと立ち入ってお聞きしたいこともあったが、プライバシーにかかわる問題なので差し控えざるをえなかった点がある。しかし、それはそれとして、徹底して山に生きた人の話として、興味深く読んでいただけるものと思う。

鬼窪さんからは面白い話をたくさん聞いたが、このシリーズの他の本と重なるような話はできるだけ割愛して、鬼窪さんからしか聞けないような話を中心に、この本は纏めた。ボッカ・ガイド・遭難救助の話も大変な迫力があるが、なんと言っても圧巻はカモシカ猟の話であろう。

カモシカは以前から禁猟だったが、密猟は日本中いたるところで行なわれ、肉や皮も売られていた。とくに、日本最大のカモシカ棲息地帯であった中部山岳地帯では、猟師はそれで生きてきた関係もあって、依然としてカモシカ猟は続けられていた。北アルプスの猟師もまた伝統的にカモシカ猟を専門にしていたこともあって、昭和三十年代の前半までは、半ば公然と密猟が行なわれていた。

鬼窪さんもまた、猟師の一人としてカモシカ猟を続けていた。その結果、大きな償《つぐな》いをさせられることになったわけだが、鬼窪さんは悪びれずに、過ぎたことは過ぎたこととして、話をして下さった。今、これだけカモシカとカモシカ猟について、猟師としての体験を語れる人は多くないだろう。今までも、カモシカ猟の話は、かならず出たが、これほど大胆に具体的に聞いたのは初めてである。〝ミソギ〟の済んだカモシカ専門の猟師鬼窪さんだったから、できたのだろう。その意味では貴重な収穫と言えるだろう。

この本を纏めながら、「鬼サのなげき」の項に及んで、つくづく思ったことは、猟師である鬼窪さんが厳冬の北アルプスで命がけで犯したカモシカの密猟を、何の後めたさも感じることなく非難できる人が、はたして今の日本に何人いるだろうかということである。そうして、鬼窪さんたちが耐えがたい犯罪者の汚名を着せられてまで守られたカモシカも、ふえすぎたとして、今は毎年、何百頭も射殺されている。しかも害獣駆除という名目で。何かほかに手段はないものだろうか、鬼窪さんとしては、複雑な思いが残るだろうと思う。

毎度のことながら、この本でもまた多くの方々のご協力とご援助を仰いだ。通算一カ月以上にわたって話をして下さった鬼窪善一郎さんは言うに及ばず、その間、なにくれとなくお心遣いをいただいた八千代夫人、それから、様々なご教示や便宜をはかって下さった曽根原文平・佳枝御夫妻、勝野銀一さん、北澤政司・みつよ御夫妻、高木正一さん、塩原義夫さん、以上の方々の御厚意に深く感謝いたします。

一九八九年十一月一日

志村俊司（編者）

解説　山の賢者

池内　紀

ここに意味深い三冊が揃った。刊行順（奥付発行日）にあげると、次のとおり。

伊藤正一『定本　黒部の山賊』二〇一四年三月　山と溪谷社
伊藤正一写真集『源流の記憶』二〇一五年十月　山と溪谷社
鬼窪善一郎『新編　黒部の山人』二〇一六年二月　山と溪谷社

私はひそかに黒部源流域三部作と名づけている。

『黒部の山賊』に「定本」とあるのは、一九六四年の旧版に加筆・訂正したからだ。奇妙なタイトルは、戦後しばらくのころ、黒部に山賊がいるという噂が流れ、新聞沙汰になったのにちなんでいる。黒部川の源流域、水晶岳、祖父岳、三俣蓮華岳など三〇〇〇メートルにちかい峰々のあいだに「雲ノ平」とよばれる池沼のひろがるところ。一九四六年、当時、二十三歳の伊藤正一はひょんなことから三俣蓮華小屋（現・三俣山荘）、水晶小屋を譲り受けた。

のちに新たに湯俣山荘、雲ノ平山荘を建て、雲ノ平への最短ルート伊藤新道をひらき、「黒部の主《ぬし》」と称されたのだが、このころは物理学徒で、山に入るきっかけは天体観察に関心をもっており、「山奥に天文台を作りたいという思い」がこうじたものだったという。山賊跋扈《ばっこ》の噂に、おそるおそる山小屋に来てみてコトが判明した。山に生き、自分流に猟をして暮らしを立てていた人たちが空き小屋を根城にしていたまでのこと。

その人たちの知恵と行動力に助けられて、荒れ放題だった山小屋を再建、あわせて資産をなげうって新道をひらいた。『黒部の山賊』はその間の十数年をつづっている。季節ごとにめまぐるしく変化する山の厳しさ、遭難者のこと。山小屋を維持し、よりよくすることのとてつもない苦労。営林署などが「法」を楯に介入して、山の生活者を追い立てようとする。

インテリの若い物理学徒と貧しい猟師たちのあいだに深い連帯が生まれたのは、伊藤正一の人となり、また思想にもよるだろう。一九四七年、上高地で戦後初の開山祭（ウェストン祭）が催されたとき、青年は参加して、そこでかわされる「歯の浮くような言葉」にあきれ返った。しかも催しに「労働者が来ている」の声が出て、もめ始める。「当時の登山界はエリート意識が根強くあり、労働者が来ると山が俗化する、と半ば本気で思われていたのである」

そんなエリート意識のつよい当時の日本の山岳界に異議申し立てをするようにして、勤労者山岳会（現・日本勤労者山岳連盟）創設に加わった。『黒部の山賊』は山びとへのいつくしみのしみとおった名著であって、ながらく幻の本だったのが「定本」として甦った。

半世紀以上も前の山岳模様をつづった地味な本が、なぜかベストセラーになり、数万の読者を数えた。それが貴重な写真集をもたらした。あとがきによると、伊藤正一は旧制中学のころに「写真機をいじり始めた」という。もともと天体観察を念願としていたので、光学としてのレンズやフィルムの現像、プリントなどの「科学的な仕事」がたのしくてならない。焼き付けのプロセスなどにも工夫をこらした。プロの山岳写真では、とかく厳めしい山々を派手に写すか、人の立ち入れない難しい場所を撮影したのをもてはやす傾向がある。『源流の記憶』はあきらかにちがうだろう。

この写真集は山小屋再建・新設をめぐるモノクロのパートと、カラーによる黒部源流一帯の写真で構成されている。写真家伊藤正一はつねづね、写真そのものが「結果としてどれだけ絵画的な美しさを持てるか」ということがもっとも重要だと考えていた。九十二歳まで撮りだめして公にしなかったのは、自分のたのしみとして「絵」をつくったまでの意識があったせいではなかろうか。記録としての部分と美しい絵としての景観がほどよく補い合って、独力で見つけた映像世界をつたえ、レンズをのぞいていた人の対象への愛情が沁みるように感じとれるのだ。

『新編　黒部の山人』は聞き書きの復刻である。原本は一九八九年に出た。そのときの奥付は次のとおり。

鬼窪善一郎述　志村俊司編
発行者　志村俊司
発行所　株式会社白日社

私自身、いちど訪ねたことがあるが、白日社は新宿駅に近い古いビルの一室にあった。実質的には発行者ひとりの出版社だったのではあるまいか。みずから聞き役となり、「山に生きた人たちの暮らしとその生き様を、直接ご本人に語っていただく形」で本にまとめる。『イワナ・源流の職漁者』『山人の賦』『山と猟師とケモノたち』『山と猟師と焼畑の谷』……。山に生きる人たちの重い口をひらかせて、貴重な記録を世に出した。

その白日社の志村俊司が鬼窪善一郎を知ったのは、旧版『黒部の山賊』を通してにちがいない。しめくくりに「山賊たちのプロフィール」のページがあって、順に遠山富士弥、遠山林平、鬼窪善一郎、倉繁勝太郎の四人が紹介されている。聞き書きを思いたったとき、鬼窪以外の三人はすでにこの世にいなかった。ちなみに四人の生没年をしるしておく。

遠山富士弥　一八八七—一九六八
遠山林平　一九〇一—一九七四
鬼窪善一郎　一九一四—一九九六
倉繁勝太郎　一八八七—一九五三

これからもわかるとおり、通称〝鬼サ〟が一番若く、山と猟、釣りにかかわって先輩三人から、さまざまなことを学びとったことがうかがえる。

集中して聞き書きがとられたとき、鬼窪善一郎は七十五歳。猟からは手をひいたが、夏季は三俣山荘管理人として多くの登山者に親しまれていた。『黒部の山賊』にみる若いころのエピソードは、およそ超人的なまでの足腰の強さを伝えているが、語りを通して、それが生まれ育った土地の厳しい風土と貧しい暮らしの所産だったことが読みとれる。平地をもたない痩せた山里にあっては、通常の何倍もの強靭な体力がないと生きていけない。聞き手は賢明にも、まず生い立ちを語ってもらった。

「まあ、オラアの学校に行ってた時なんてものは、ここら、みんな貧乏で、貧乏って、貧乏って、それこそひでえ貧乏だった」

小学校へ通うあいだも、畑の手伝い、ワラビとり、ワラ打ち、水汲み。尋常六年を終えたあとは、製糸所小僧、建設作業員、農家手伝い、牛乳配達、カンテン屋奉公。黒部の山とかかわりができたのは二十代半ばごろからで、高天ヶ原《たかまがはら》にあった鉱山のボッカが手始めだった。同時にガイド、遭難救助。この間に「山賊のプロフィール」にある三人を知り、猟に明け暮れの生活に移っていく。この人にとって山が、人間くさい巷からの大いなる解放の場であったことがみてとれる。

そんな生い立ちを聞き終わり、聞き手はそっとつけたしている。「酒も飲まなければタバコもすわない、お茶の類も一切口にしない。飲むのは水か白湯《さゆ》である」。猟師として山で生き抜くための条件をみずから正確に選びとり、きちんと実践していた。

タヌキやテンやキツネなどの小物とは知恵くらべといったところがある。ワナにかかったけものは死んだふりをするから、頭をおもいきり「コキン」とやればいい。なかなか死なないのは「心臓を踏んづける」。サルの頭の黒焼きは、女の血の道の薬。ついてはその作り方。クマが鼻を「上下やったらもうだめだよ」。首を振りだしたら、すぐさま「ぶたなきゃ」だめ。

経験で学んだ人の経験則であると同時に、その闊達な話し方を通して、囲炉裏をかこんだ富士弥や林平や倉繁の姿がホーフツとしてくる。

「だからさ、クマを狙うには、下から風が行くから、下から行ったんでは絶対ぶてねえんだ。相当遠くからでも臭いとって逃げちゃう。だからクマ見つけたら、どうしても、すじかい（斜め）上から行かなくちゃ、まあ真上でもいい、それでなけりゃクマはうてんよ」

つづいて「それでも、どうかすると、とぼけたやつが——」「あいつは目はだめ」「それでクマってやつは——」「イノシシだって——」「だけど、へえもうクマも昔のようには——」。チロチロ燃える火のそばで、にぎやかにかわされたやりとりと哄笑が聞こえてくる。鬼サのひとり語りだが、それは戦後のあるころまで山に生きた人々の炉辺を、たのしく再現してくれる。

それはそれとして志村俊司が聞きたかったのは猟師一般のことではなく、この人ならではの話だった。ここではカモシカ猟である。カモシカは禁猟になって以後も、日本国中いたるところで半ば公然と密猟されていた。カモシカ猟で生きている人たちがいたからには当然であって、肉は売買され、毛皮は高値で引きとられた。

カモシカ猟では一回の出猟を「一山」といって、ほぼ十日、長くて十五、六日。一山終えると一度家へ帰り、あとは天気と雪しだいで「山」をかさねる。

根拠地は夏のあいだに見つけ、小屋を作っておく。大きな岩の下で、ぐるりは青木の枝を立てる。秋のうちに食糧を揚げておく。米、味噌、ネギに鍋釜。食糧は石油缶に入れて高い枝につるしておく。さもないとクマにやられる。カモシカの肉があるから、米はきっとあまるが、一人一日三合なら三合の計算で、余分をみて揚げておく。

「どんなことあるか分かんねえだから、山では」

聞き書きが難しいのは、聞きたいことを正確に聞き取ることだ。相手がおもわず見せた仕ぐさ、表情を見逃さず、相手が言いたいことを、きちんと引き出す。『黒部の山人』が優れた聞き書きなのは、珍しい話が聞き出せたこと以上に、自由奔放な語りに秘められた英知と感性と、この上なく健康な精神を、それとなく書きとめていることだ。

「一匹前」になっても分け前は平等に分ける。ごまかしたりは絶対しない。トビをピッケルがわりにしていたが、柄はダケカンバにかぎる。ナラは強いが重い上に「手に冷たい」。ダケカンバは「寒い雪の中でつかんで、いちばん温かくっていいの」。

猟には直観とともに強い意志が要る。理性的に判断して、欲におぼれない。カモシカ追いで何人もが死んでいる。奥へばかり追ったからだ。

「どこまで行っても、時間はからって、ここから帰れば何時間かかると、その時間はからって帰んなきゃだめだよ」

ともあれ猟は犬しだい。となれば「アホな名犬」がいい。利口な犬は危険を察知すると逃げてしまうが、アホ犬はガンガン向かっていく。それもオス犬にかぎる。メスがまったく追わないわけではないが、トコトン追わない。

「あれ、どういうこんだか、オレには分からんけどさあ、まあメス犬はトコトンまで追わない」

山の賢者も、この点はどうもわからない。

（いけうち・おさむ　ドイツ文学者・エッセイスト）

『黒部の山人　山賊鬼サとケモノたち』は、平成元年（一九八九）十一月に、株式会社白日社から刊行されました。その後、平成二十八年（二〇一六）年に、『新編黒部の山人　山賊鬼サとケモノたち』として、株式会社山と溪谷社より再刊されました。

本書は右記の「新編」を底本としました。「新編」への改編時に、明らかな誤字を正したり、文字づかいや送り仮名、振り仮名などを整理した箇所があります。また、挿入写真の順序を一部変更しました。

文中に今日の人権意識では不適切とされる語句や表現が見受けられますが、述者がすでに故人であることを考慮して、そのまま掲載しました。ご理解のほど、よろしくお願いいたします。

鬼窪善一郎　おにくぼ・ぜんいちろう

通称・鬼サ。大正三年（一九一四）七月、長野県北安曇郡広津村（現・池田町）に生まれる。青年期より狩猟を始め、自他ともに認める健脚を生かして、ボッカ、ガイド、イワナ釣りなど、山での仕事に携わり続けた。北アルプス遭難救助隊員を務め、大町案内人組合の有力メンバーでもあった。後年は黒部五郎小屋を経て三俣山荘の管理人となり、多くの登山者に親しまれた。平成八年（一九九六）十月没。

カバー装画＝畦地梅太郎（「あとりえ・う」提供）
本文写真＝株式会社白日社提供
装丁＝高橋 潤
地図製作＝株式会社千秋社
編集＝単行本　藤田晋也、勝峰富雄（山と溪谷社）
　　文庫　勝峰富雄、宇川 静（山と溪谷社）
編集協力＝藤田晋也

新編 黒部の山人 山賊鬼サとケモノたち

二〇二一年九月五日 初版第一刷発行

語　り 鬼窪善一郎
編　者 株式会社 白日社編集部
発行人 川崎深雪
発行所 株式会社 山と溪谷社
郵便番号 一〇一－〇〇五一
東京都千代田区神田神保町一丁目一〇五番地
https://www.yamakei.co.jp/

■乱丁・落丁のお問合せ先
山と溪谷社自動応答サービス 電話〇三－六八三七－五〇一八
受付時間／十時～十二時、十三時～十七時三十分（土日、祝日を除く）
■内容に関するお問合せ先 山と溪谷社 電話〇三－六七四四－一九〇〇（代表）
■書店・取次様からのお問合せ先
山と溪谷社受注センター 電話〇三－六七四四－一九一九
ファックス〇三－六七四四－一九二七

本文フォーマットデザイン 岡本一宣デザイン事務所
印刷・製本 株式会社暁印刷
定価はカバーに表示してあります

Printed in Japan ISBN978-4-635-04926-9

山と自然を味わうヤマケイ文庫

新編 単独行
新編 風雪のビヴァーク
垂直の記憶
わが愛する山々
日本の分水嶺
【覆刻】山と溪谷
山と溪谷 田部重治選集
遊歩大全
山の仕事、山の暮らし
大人の男のこだわり野遊び術
ドキュメント 気象遭難
ドキュメント 滑落遭難
山からの絵本
山の眼玉
大イワナの滝壺
古道巡礼 山人が越えた径
山人たちの賦

新編 越後三面山人記
定本 山村を歩く
山釣り
ドキュメント 雪崩遭難
ドキュメント 単独行遭難
溪語り・山語り 山人たちの生活誌
新編 溪流物語
マタギ
山女魚里の釣り
アウトドア・ものローグ
白神山地マタギ伝
野性伝説 爪王／北へ帰る
野性伝説 羆風・飴色角と三本指
定本 黒部の山賊
山棲みの記憶
おらが村
山怪 山人が語る不思議な話

イーハトーブ釣り倶楽部
約束の川
アイヌと神々の物語
仁淀川漁師秘伝
幻の怪蛇 バチヘビ・シロベ
ニッポン博物誌
手塚治虫の山
山怪 弐 山人が語る不思議な話
アイヌと神々の謡
山の不可思議事件簿
定本 山小屋主人の炉端話
夢の山岳鉄道
シートン動物記
小屋番三六五日
人を襲うクマ
完本 マタギ 矛盾なき労働と食文化
山怪 参 山人が語る不思議な話